DU MARASME
DRAMATIQUE,
EN 1829.

Par J. T. Merle.

> Si les théâtres ne sont bons à rien, il
> faut les fermer; s'ils sont utiles, il
> faut prendre des moyens pour les
> faire prospérer.
> (BEAUMARCHAIS, *Mélanges*.)

PARIS.
BARBA, ÉDITEUR DE PIÈCES DE THÉATRE,
PALAIS-ROYAL, GALERIE DE CHARTRES.
—
1829.

IMPRIMERIE DE DAVID,
BOULEVART POISSONNIÈRE, N. 6.

L'ouvrage que je publie est le fruit d'un long et cher apprentissage. Après avoir étudié les théâtres de Paris, j'ai voulu connaître les théâtres de province, et cette étude m'a coûté plus de vingt mille francs; je me suis aperçu que je n'étais pas assez riche pour prendre long-temps des leçons à ce prix-là. Le seul avantage que j'aie retiré de mon entreprise, c'est de m'être rendu compte des causes et des effets du *marasme dramatique*, qui amènera, dans un temps donné, la ruine des trois quarts des théâtres du royaume. Je suis aujourd'hui comme un naufragé qui, jeté sur la plage, indique du doigt au voyageur, l'écueil sur lequel il vient d'échouer.

DU
MARASME DRAMATIQUE
EN 1829.

Depuis long-temps on est d'accord sur la décadence qui menace tous nos théâtres ; mais comme la crise qui devait amener leur chûte n'arrivait que lentement, personne ne s'est occupé de la prévenir. Ceux qui en auraient eu les moyens, se sont bien gardés de les employer ; ils se complaisaient dans les progrès du mal, et les stimulaient de tout leur pouvoir ; ils aidaient doucement la maladie à tuer le malade. Aussi, en moins de dix ans, ont-ils amené les théâtres à l'état de marasme où nous les voyons en 1829.

Presque tous les établissemens dramatiques de France sont dans un état d'agonie dont les effets sont plus sensibles que les causes. Le mal est apparent, le remède est encore à trouver ; à la vérité, personne ne s'en occupe, et ceux qui y sont le plus intéressés vivent au jour le jour, et luttent contre la contagion, sans chercher les moyens de la combattre.

En effet, que demande-t-on pour les théâtres ? N'y a-t-il pas au ministère de l'intérieur une division qui leur est spécialement consacrée ; n'y a-t-il pas pour les théâtres royaux *M. le chargé*, qui leur distribue les 1,400,000 fr. de subvention royale ? Que veut-on de plus ! Si les théâtres ne vont pas, c'est qu'à coup-sûr ils y mettent de la mauvaise volonté ; et je suis convaincu que si l'on demande son avis à M. le vicomte de La Rochefoucauld, il dira que jamais les théâtres n'ont été mieux administrés.

Cependant, pour ceux qui voyent les théâtres ailleurs que d'une avant-scène de l'Opéra ou du fond d'une loge grillée des Français, il est malheureusement prouvé que le mal empire chaque jour, et que leur fâcheux état tient à des circonstances qu'il faut étudier, qu'il est difficile d'apprécier, mais qu'il n'est pas impossible de connaître. Par goût, par état et par devoir, j'ai recherché les causes du mal-aise qui les tourmente, je me suis convaincu qu'elles sont nombreuses, et qu'elles se modifient beaucoup selon les localités, les genres et les positions.

J'ai vu les théâtres de très-près, j'en ai dirigé à Paris et en province; j'ai fait, depuis trois ans, douze cents lieues en France pour visiter non-seulement ceux des grandes villes, mais encore ceux des arrondissemens; je connais les charges et les ressources de chacun d'eux, et je puis garantir, qu'à un petit nombre d'exceptions près, tous les théâtres de France sont dans l'état le plus alarmant; si l'on veut s'en débarrasser, le moment est des plus favorables; on n'a qu'à laisser aller les choses, à maintenir le *statu quò*, et, avant deux ans, je réponds que la moitié des théâtres du royaume sera fermée, et que l'autre moitié sera aux abois; je n'en excepte pas plus l'Académie royale de musique que le théâtre de Brives-la-Gaillarde; si, au contraire, on veut les sauver, il est temps de s'y prendre et de ne pas perdre un moment pour en trouver les moyens.

Pour procéder avec méthode dans cette discussion qui n'est pas sans importance, au moins pour les amateurs de théâtres, les comédiens et les gens de lettres ; il faut suivre les préceptes du médecin de M. de Pourceaugnac, examiner d'abord la maladie dans ses *diagnostiques* et dans ses *prognostiques*, établir l'état du malade, étudier les causes du mal, et chercher ensuite les remèdes convenables. Tout cela n'amènera peut-être pas de grands résultats, et mes prescriptions et mes ordonnances dramatiques auront bien de la peine à être approuvées et peut-être connues de ceux qui ont les moyens et le pouvoir de les faire exécuter, il sera bien difficile de faire entendre quelques conseils en faveur des théâtres à travers les protestations du général Saldanha, les discussions de la loi municipale, l'émancipation des catholiques d'Irlande et les coups de canon turcs et russes tirés sur les bords de la mer Noire; à côté de tant de questions vitales qui s'agitent en Europe, la destinée des petits et même des grands théâtres est d'une bien mince importance ; mais comme il ne faut désespérer de rien avec un ministre homme d'esprit, je vais risquer une consultation sur les théâtres ; Napoléon signait un réglement pour la Comédie Française à la lueur de l'incendie de Moscou, pourquoi M. de Martignac ne s'occuperait-il pas du sort des théâtres dans un moment de bonne humeur, après une séance de la chambre où il aurait obtenu une majorité de cent cinquante voix pour un de ses projets de loi ? A tout prendre, une commission est si vite nommée ! Et quand elle est bien composée, elle peut préparer un travail utile ; mais il faudrait faire en sorte de ne pas demander des renseignemens sur les théâtres à des conseillers à la Cour royale, à des avocats, à des maires de Paris, à des amateurs de peinture, car on court le risque

1.

de n'obtenir que des théories spéculatives sur une matière qui doit être traitée d'après les données certaines de l'expérience et la connaissance approfondie des besoins et des ressources de toutes les administrations dramatiques. Le bon roi Louis XVIII, de spirituelle mémoire, disait qu'il fallait dans toutes les affaires suivre les préceptes de la cuisinière bourgeoise qui, pour faire une fricassée de poulets, commence par prendre des poulets ; qu'ainsi, pour faire des gentilshommes de la chambre, il faut d'abord prendre des gentilshommes. Cette maxime est pleine de sagesse ; elle n'expose pas à nommer un danseur à une place qui exige un calculateur.

Terminant ici ces considérations préliminaires, je vais faire connaître l'état des théâtres en 1829. Le tableau ne sera pas brillant, leurs misères et leurs infirmités sont le résultat de quinze ans de persécutions de tous les genres, d'atteintes qui leur ont été portées par toutes les inepties de l'époque, depuis le mépris administratif jusques à l'anathême religieux ; on les verra tout couverts des stigmates que leur ont imprimés les moustiques et les maringouins de la congrégation, et tout meurtris des coups du *système déplorable*.

PREMIÈRE PARTIE.

DE L'ÉTAT DES THÉATRES EN 1829.

DES THÉATRES DE PARIS.

Les théâtres de Paris sont divisés en *grands théâtres* ou *théâtres royaux*, et en *théâtres secondaires*. Les premiers sont sous l'administration du ministère de la

Maison du Roi, ou pour mieux dire, de M. le chargé des beaux-arts, et presque au compte de la liste civile, qui arrive toujours à point, pour couvrir toutes les bévues lyriques, comiques et romantiques qui se font depuis la rue Pelletier jusqu'à l'Odéon, en passant par la rue Feydeau et la rue de Richelieu. Les 1,460,000 fr. de la subvention des Jeux, et près de 400,000 fr. donnés par le Roi, ne peuvent plus suffire au budget des cinq théâtres royaux, les arriérés les débordent de toutes parts, et chaque nouveau directeur vient ajouter un nouveau chapitre au passif de son administration. Il faut convenir que le Roi paie bien cher quelques aunes de velours bleu ou rouge, et quelques pieds de crépine d'or, dont ses loges sont entourées, et qu'il sait ce qu'il lui en coûte pour avoir des *comédiens ordinaires*. On dit que M. de la Bouillerie a témoigné autant d'étonnement que de noble indignation, quand il a vu tout ce qui avait été dépensé pour les théâtres royaux depuis quinze ans : on aurait splendidement terminé le Louvre, avec ce qu'on a déboursé pour bâtir le ridicule hangard de l'Opéra, pour dorer la bonbonnière de Favart, et pour construire la lourde masse du nouvel Opéra-Comique; aussi le ministre qui débarrassera l'intendant-général de la Maison du Roi de l'administration des théâtres royaux, acquerra des droits éternels à sa reconnaissance. Il ne sera peut-être pas difficile de prouver que cette mesure est une des améliorations réclamées par l'ordre légal, et qu'elle aurait l'immense avantage de rendre M. le vicomte de La Rochefoucauld exclusivement aux soins des Gobelins et de la manufacture de Sèvres.

Encore prendrait-on son parti sur tant de millions dépensés avec profusion, si cette profusion eût tourné au profit de l'art ; mais où en sommes-nous arrivés ? A amener l'Opéra Français à n'être qu'une triste succursale de l'Opéra Italien, et la Comédie Française une annexe de la Porte-Saint-Martin. Nous avons échangé les chants mélodieux de Gluck, de Piccini, de Méhul et de Grétry, contre la musique cuivrée de Rossini, et nous avons remplacé *Armide* et *Œdipe* par *le Siége de Corinthe* et *Moïse*; enfin, nous avons livré le théâtre fondé par Molière aux scènes du *Cid d'Andalousie*, d'*Émilia*, du *Tasse*, de *l'Espion* et de vingt autres chefs-d'œuvre du même mérite, dignes de figurer au boulevart.

Enfin, si tant d'argent a été dépensé pour les théâtres royaux, si les règles de l'art ont été violées, si tous les genres ont été confondus, du moins a-t-on obtenu pour dédommagement de contenter le public et d'enrichir les comédiens ; hélas ! non, les recettes viennent à l'appui du contraire. Avant notre régénération musicale, les affaires de l'Opéra étaient en très-bon état, et la dernière répartition de fonds que l'empereur ait faite était de 700,000 fr.; aujourd'hui, la maison du roi en donne 850,000, et cette somme ne suffit pas. La Comédie Française ne recevait pas 50,000 fr., aujourd'hui 200,000 fr. ont peine à payer ses costumes et ses décorations ; et cependant on n'a jamais reproché à Bonaparte d'être avare et parcimonieux pour les théâtres, mais ses fonds étaient mieux employés que ceux du roi.

ACADÉMIE ROYALE DE MUSIQUE.

Les beaux jours de l'Opéra sont déjà loin de nous; il faut, pour les retrouver, faire remonter ses souvenirs à Trajan, aux Bardes, à la Vestale, qui furent les derniers accens de la Polymnie française. Depuis la direction du violon Viotti, jusques à celle de M. Lubbert, les choses ont toujours été de mal en pis, et la ruine de ce théâtre n'a été un moment suspendue que par le succès brillant et mérité de *la Muette de Portici*, sur lequel semblent endormis depuis quatorze mois tous les chanteurs, les danseurs et les directeurs de ce théâtre. C'est assurément une très-belle chose que de se reposer sur ses lauriers, mais il ne faut pas changer un repos légitime en un engourdissement perpétuel. Si je suis bien informé, on reste quelquefois quinze jours de suite sans faire une seule répétition à l'Opéra, soit de la danse, soit du chant; c'est ce qui explique la lenteur avec laquelle on s'occupe de *Guillaume Tell*. Au reste, tout le travail administratif de la direction se borne à savoir ce qu'il faut, à la fin de chaque mois, ajouter aux recettes pour couvrir la dépense; c'est le résultat de cette opération, revêtu du visa de M. Duplantys, qu'on adresse au trésorier de la liste civile, qui fait honneur à cet envoi en belles et bonnes pièces de cinq francs bien cordonnées : et voilà ce qui s'appelle administrer l'Opéra.

Peu de personnes savent ce que coûte l'Opéra; ceux qui le dirigent ne le savent peut-être pas eux-mêmes; car ils se donneraient sans doute plus de peine pour en diminuer les charges. Eh bien! il ne sera pas difficile de le leur faire connaître. L'Opéra a fait l'année dernière, de janvier à janvier, 544,972 fr.; il a fallu, de l'aveu de M. le chargé, pour couvrir la dépense, 850,000 fr., sans compter ce que nous ne savons pas; ce qui produit, par une simple addition, 1,394,972 fr. L'Opéra donne à-peu-près cent cinquante représentations par an, donc, les frais de chaque représentation sont de 9,300 fr., environ. On se demandera peut-être d'où viennent des frais aussi énormes ; d'abord, de l'augmentation extravagante des appointemens : il y a vingt ans que les premiers sujets de l'Opéra ne recevaient que dix à douze mille francs ; madame Branchu, Lays, Nourrit et Dérivis étaient payés ce prix-là. Aujourd'hui, les appointemens sont portés à trente mille francs. L'exigence des goziers italiens est passée de Favart à l'Opéra avec les Cinti, les Mori, les Maraffa, et tant d'autres, qui n'attendent que le moment de baragouiner tant bien que mal le français, pour venir prendre la place de Dabadie, de sa femme, d'Adolphe Nourrit et de Lafont. Alors nous verrons *Armide* jouée par une Napolitaine, *Licinius* par un Florentin, la *Vestale* par une Anglaise, et *Amazilly* par une Allemande. C'est par ces moyens que notre Opéra acquerra une réputation européenne.

L'excessive cherté des appointemens n'est pas cependant la principale cause des déficits de l'Opéra ; l'état-major des sinécuristes de ce théâtre, coute à lui seul plus qu'une troupe ordinaire de bons acteurs, si l'on ajoute une foule d'abus incrustés dans cette vieille machine, depuis le cabinet du directeur jusques à la loge des comparses, on concevra les déficits de l'Opéra ; mais l'énumération de ces abus serait trop longue ; elle dépasserait les bornes que je veux donner à cette brochure : un autre motif m'empêche de les faire connaître, c'est le secret de ceux qui prendront avant peu l'Opéra à l'entreprise, et qui sans rien lui faire perde de son ancienne splendeur, l'administreront avec une subvention moindre de moitié, et gagneront encore cent mille francs.

Aujourd'hui que les déficits de l'Opéra s'élèvent à près de 900,000 francs par an, on rirait de pitié si l'on parlait du premier déficit qui eut lieu sous l'administration de Guyonnet et qui était de 400,000 fr., en trois ans et demi; mais à cette époque la troupe de l'opéra ne coutait que 27,900 francs, le ballet 13,800 francs, et l'orchestre 20,150 francs, et cependant le pauvre Guyonnet en mourut de chagrin.

COMÉDIE FRANÇAISE.

Ce théâtre est encore dans un état plus déplorable que l'Opéra. Si non sous le rapport financier, du moins sous le rapport de l'art. L'édifice élevé par Molière est envahi de tous côtés par les parodistes de Shakespeare et de Schiller, c'est aujourd'hui le bedlam de la littérature dramatique, tous les cauchemars romantiques semblent s'y être donné rendez-vous; il y a place pour les pièces de tous les théâtres de l'Europe, excepté pour celles de Molière, de Racine, de Corneille et de leurs imitateurs. Enfin notre tragédie et notre comédie, semblent avoir disparu à travers les brouillards de l'Écosse, et la poussière du moyen âge.

Personne ne contestera que la réforme de notre scène et ne fût réclamée par les gens du goût le plus pur le plus dificile; tous l'appelaient de leurs vœux; notre époque même n'a pas le droit de s'en faire honneur, car Corneille là faisait présager, lorsqu'il disait dans l'examen de Nicomède : « *Après avoir fait réciter quarante mille vers sur le théâtre, il est bien malaisé de trouver quelque chose de nouveau, sans s'écarter un peu du grand chemin et se mettre au hasard de s'égarer.* » Voltaire était entré dans cette route indiquée par Corneille, mais ni Corneille ni Voltaire, n'avaient prévu la ruine du Théâtre Français. Ce rajeunissement de notre scène tel que l'a conçu notre jeune littérature, ressemble un peu trop au rajeunissement du vieux Pélias: c'était une expérience utile à faire, mais elle a été tentée avec tant d'audace et de brutalité, que le malade est resté dans l'opération ; elle a été si maladroitement faite, que la Comédie Française a disparu et qu'il ne nous reste plus qu'un nouveau théâtre de mélodrame, plus nouveau que tous les autres, puis qu'il y manque des acteurs pour jouer ce genre, et un public pour le comprendre.

On ne manquera pas de me dire que le public repousse le classique, et que les auteurs même ont renoncé à ce genre. Ces allégations ne sont pas absolument vraies ; donnez au public des pièces comme le *Philinte de Molière*, le *Vieux Célibataire*, les *Deux Gendres*, *l'École des Vieillards*, la *Fille d'Honneur*, et le public les applaudira beaucoup plus, que toutes les turpitudes romantiques dont on l'abreuve ; et comme le public les applaudira, il se trouvera des auteurs qui suivront cette route. M. Scribe renoncera a faire des *Valérie*, et prouvera qu'il peut faire encore mieux que le *Mariage d'Argent*; M. Casimir Lavigne oubliera qu'il a fait *Aurélie* et se ressouviendra qu'il a fait les *Comédiens*. M. Delaville a peut-être en portefeuille une comédie qui vaut encore mieux que le *Folliculaire*. Le spirituel auteur du *Jeune Mari* et des *Trois Quartiers*, passera de la comédie de genre à la comédie de caractère. A coup sur les auteurs ne manqueront pas quand le théâtre Français leurs sera rendu, et l'auteur très-distingué de *Luxe et*

Indigence et de *l'Homme Habile* n'ira plus s'exiler dans la Thébaïde de l'Odéon.

Je sais bien que la Comédie Française expiera pendant long-temps, les saturnales auxquelles elle se livre depuis quatre ou cinq ans ; il faudra une longue et sévère quarantaine, pour laisser aux exhalaisons du romantisme, le temps de se dissiper, et c'est l'arme que les partisans de de ce genre employeront avec plus de succès contre moi, quand ils me répondront que le classique tout admirable qu'il est, est joué devant les banquettes. Il est évident qu'un public dont le gout est gâté par les extravagances de la nouvelle école ne peut plus se plaire aux peintures vraies de nos ridicules et de nos travers, et perd insensiblement le sentiment du naturel et du beau, mais il ne m'est pas démontré qu'on ne puisse pas l'y ramener ; que M. le vicomte de la Rochefoucauld emploie à encourager la bonne école, l'argent qu'il a dépensé pour faire prospérer la mauvaise et je lui réponds que dans quelques années la Comédie Française aura recouvré son ancienne splendeur.

Les écarts et les égaremens de ce théâtre ont porté un coup mortel à l'art dramatique en France ; en parlant des théâtres de province, je prouverai ce que j'avance. La Comédie Française en verra les funestes conséquences avant peu de temps, quand elle ne trouvera plus moyen de se recruter : nous sommes bien loin de ce temps où les Romainville, les Martelly et les Granger, malgré leur talent n'étaient pas jugés dignes de faire partie des sociétaires. La comédie était alors dans tout son éclat, et la province était remplie de comédiens remarquables dans chaque emploi. Aujourd'hui on aurait de la peine à former dans toute la France une bonne troupe complette de haute comédie et de tragédie ; en revanche, on trouve un grand nombre de comédiens qui peuvent jouer le *Bourreau d'Amsterdam*, *L'auberge des Adrets*, *Louis XI* et *l'Espion*.

Je le demanderai à M. le vicomte de la Rochefoucauld, et à MM. les Comédiens Français eux-mêmes ; que deviendra la Comédie Française après la retraite de Mademoiselle Mars, de Michelot, de Firmin et d'Armand ? Je ne veux blesser l'amour-propre de personne ; mais franchement peut-on m'assurer qu'il y aura encore un Théâtre Français dans quatre ans ? je connais le personnel des acteurs de Paris et des départemens et je puis répondre hardiment que non.

THÉATRE DE L'OPÉRA-COMIQUE.

Pendant le cours de ses vicissitudes, le théâtre de l'Opéra-Comique a été plus à plaindre qu'à blâmer ; il a lutté avec courage contre les chances de mauvaise fortune qu'il a subies ; et si son état présent est encore loin de la prospérité qu'il est en droit d'attendre de ses efforts à venir, du moins il lui reste pour consolation de ne s'être jamais écarté de son genre, et d'avoir toujours offert aux compositeurs français un azyle qu'on leur a refusé long-temps à l'Académie royale de musique.

Depuis quinze ans, des déficits dont les causes sont plus aisées à deviner qu'à expliquer, ont mis la société en péril ; mais la liste civile, dont la complaisance est inépuisable, est toujours arrivée à point pour éviter un éclat fâcheux. M. le duc d'Aumont, sous le patronnage duquel Feydeau se trouvait placé, avait pris l'habitude de considérer les comédiens de ce théâtre comme ses sujets, et se croyait obligé de les traiter en bon prince ; il rendait de petites ordonnances dont le protocole était : *Nous, duc d'Aumont, pair de France, premier gentilhomme de la chambre du roi, etc., etc.*; il s'en suivait une petite charte dramatique ; au prix de quelques concessions, toutes les dettes étaient payées, les anciens comptes étaient appurés, et la société recommençait sur nouveaux frais. Cependant, en dernière analyse, il est résulté un déficit de quelques centaines de mille francs qui a brouillé les cliens et le patron, et la société a été dissoute. Je ne remonterai pas à la série d'événemens qui ont fait remplacer M. Duverger, l'un de nos plus habiles administrateurs dramatiques, par M. Guilbert de Pixerécourt, celui-ci par M. Bernard, M. Bernard par M. de Gimel, et ce dernier par M. Ducis; tout cela sans doute a été fait pour courir après un mieux que je doute qu'on soit parvenu à atteindre, parce qu'il n'y a pas de mieux possible en administration théâtrale, quand celui qui arrive est obligé de prendre toutes les charges de ceux qui l'ont précédé, et d'hériter de toutes les fautes qui ont été faites.

Pour faciliter à M. Ducis la régénération de l'Opéra-Comique, il fallait lui en donner le privilège vierge, ne pas le grever de toutes les dettes de l'ancienne société, et obtenir que la complaisante liste civile payât encore une dernière fois cet arriéré ; de cette manière, l'allure du nouveau directeur n'était pas gênée, sa marche n'était pas entravée, il était maître de la composition de sa nouvelle troupe, et n'avait plus à redouter les procès que lui suscitent chaque jour cette foule d'acteurs engagés par douzaines par l'ancienne administration.

M. Ducis va entrer en possession de la nouvelle salle, traînant après lui un ancien arriéré de 500 mille fr. et un loyer de 150 mille fr. Je ne pense pas qu'il y ait à Paris, un théâtre qui puisse trouver une pareille somme sur ses bénéfices. Pour lutter contre cette position, ce ne sont pas des succès comme *la Fiancée*, qu'il lui faut ; il lui faut pendant cinq ans deux *Dames Blanches* par an ; c'est de grand cœur ce que je lui souhaite.

Si ce théâtre a de grands obstacles à surmonter, il a aussi de grands élémens de succès. L'opéra-comique est, après le mélodrame, le genre le plus généralement goûté. Ce genre, dont Voltaire avait peine à s'expliquer l'existence, et qui à la vérité n'était pas alors ce qu'il est devenu depuis, est aujourd'hui un genre national ; ce n'est plus que là qu'on retrouve le caractère de notre école française avec tous les agrémens qu'il était permis d'emprunter à l'école italienne. La troupe est une des meilleures et des plus complètes de Paris ; elle est bien montée en femmes, plus encore en chanteuses qu'en actrices ; quelques emplois d'hommes laissent à désirer, mais la province est si riche dans ce genre, que rien ne serait plus aisé que de la compléter, et même avec un luxe d'acteurs tel qu'on n'aurait pas vu depuis vingt ans une pareille réunion. Mais cela ne suffit pas ; une bonne troupe est beaucoup sans doute ; mais dans un théâtre où l'on ne va pas absolument pour voir les acteurs, il faut des succès de pièces, et surtout de pièces en trois actes ; car nous ne pouvons nous dissimuler que nous n'en sommes plus au temps où l'on faisait courir tout Paris avec *le Prisonnier*, *Maison à vendre*, ou *Adolphe et Clara*.

THÉÂTRE ROYAL DE L'ODÉON.

Ce théâtre ressemble à ces hobereaux besoigneux qui laissaient tomber en ruines les tourelles et les donjons crénelés de leur vieux manoir, pour conserver la noblesse de leur origine, et qui auraient pu vivre très-noblement en convertissant en une bonne et riche ferme leur antique demeure féodale. S'il est démontré, comme on s'obstine à le prouver, qu'il faille un théâtre dans le faubourg Saint-Germain ; s'il est vrai, comme le dit M. le chargé, que *l'autorité municipale soit souvent intervenue pour en solliciter la conservation*, alors il faut prendre les mesures convenables pour le conserver, et ne pas le grever d'un privilège qui porte avec lui tous les germes de sa destruction. L'Odéon, rebâti pour la seconde fois sur l'emplacement de l'ancienne Comédie Française, a toujours le sot orgueil de se croire un second Théâtre-Français, quand il est même douteux qu'il en existe encore un premier. Il a participé de l'espèce d'outre-cuidance de la société de la rue de Richelieu, et s'est placé dans un rang bâtard qui le rend trop roturier pour la noblesse et trop aristocratique pour la bourgeoisie, situation fausse et dangereuse qui le prive des grandes places et ne lui donne pas les petites.

L'Odéon périt sous le poids de sa dignité. Sa salle, qui est sous la dépendance de la Chambre des Pairs, lui donne une importance qui nuit à ses intérêts ; le patronage du grand-référendaire, le protectorat du noble vicomte, le suisse avec le baudrier et la livrée du roi, sont sans doute des choses fort honorables, mais qui ne contribuent en rien à la recette, et qui obligent à un décorum désastreux. Il s'en suit que tous les directeurs, les uns après les autres, viennent s'y ruiner ; que celui qui sort lègue ses dettes à celui qui entre ; que le dernier venu est toujours le plus embarrassé. S'il faut en croire M. Sauvage, les dettes de l'Odéon s'élevaient, à la mort de Frédéric du Petit-Méré, à la somme de 505,000 fr. La direction de M. Sauvage ne les a pas diminuées, puisqu'elles ont en outre dévoré sa fortune patrimoniale ; et je ne pense pas que la direction de M. Lemetheyer ait amélioré la position : alors où en sera son successeur, avec les charges des quatre directions précédentes ? Et pour peu qu'on tienne à conserver encore l'Odéon au nombre des théâtres royaux pendant quelques années, sa dette s'élevera aussi haut que celle d'Haïti ; ou que les emprunts du roi Ferdinand.

Que par un moyen quelconque, que je pourrais mais que je ne veux pas indiquer on déblaye les avenues de l'Odéon, que le directeur ne soit plus obligé de s'occuper d'affaires contentieuses, quand les affaires de son théâtre demandent tout son temps ; qu'on lui accorde un nouveau privilège qui lui laisse la faculté de jouer tous les genres avec la latitude dont jouissent les théâtres de province, et l'on parviendra à faire de l'Odéon une entreprise utile pour le quartier et avantageuse pour l'entrepreneur ; mais si l'on s'obstine à lui laisser pour toute existence les chefs-d'œuvre de la scène et qu'on le berce de la sotte idée de devenir un second Théâtre Français, on y consommera la ruine de tous ceux qui viendront se laisser prendre à ce leurre. On dit depuis long-temps qu'une actrice justement célèbre convoite cette entreprise et qu'elle y arrive avec une garantie de 500 mille francs, pour y jouer *Sémiramis*, *Rodogune* et *Jeanne-d'Arc*. Je puis lui prédire d'avance que tous les refaits de la rouge et noire, ne suffiraient pas pour couvrir les pertes qu'elle fera avec ce système d'administration, et que la tragédie de la rue de Richelieu que Talma a enterrée avec lui au Père-Lachaise, n'ira pas ressusciter de long-temps dans la rue de Vaugirard.

THÉATRE ROYAL ITALIEN.

Ce théâtre qui est pour nous sans aucune importance sous le rapport de l'art dramatique, est cependant une des causes principales du mauvais succès de nos entreprises théâtrales et de la décadence de notre première scène lyrique, qu'il a pervertie en substituant l'école italienne à l'école française, les roulades à l'expression et les *libretti* aux poëmes. Peu d'établissemens de ce genre, ont coûté aussi cher au Roi, que l'entretien de quelques chanteurs italiens dont le mérite n'a jamais été apprécié que par une centaine de monomanes ultramontains, qui viennent par entêtement exhaler sur les banquettes de Favart, des *bravi*, des *brava* et des *bravo*, avec des roulemens d'yeux et des contorsions de membres, qui les font passer aux yeux des gens raisonnables pour de véritables convulsionnaires.

Des millions ont été dépensés depuis dix ans pour faire arriver à Paris tous les gosiers les plus renommés de l'Italie, et il n'est pas un faiseur de roulades, de points d'orgue et de *fioriture*, depuis le revers des Alpes, jusqu'à l'extrémité des Calabres, qui n'ait trouvé ici des appointemens et des gratifications dix fois au-delà de ce qu'il aurait jamais pu espérer dans son pays. Qu'est-il résulté de cette générosité extravagante, c'est que le traitement des chanteurs italiens a servi de prétexte à l'ambition des chanteurs français ; que le personnel des troupes a triplé de dépense depuis quelques années et que les ressources des théâtres ont diminué ainsi que je le prouverai bientôt (*a*).

La Maison du Roi, sentant trop tard de quel poids était l'entreprise d'un théâtre établi sur de pareilles bases, a du moins eu la sage prévoyance de s'en débarrasser au moyen d'une subvention et en a chargé M. Laurent, qui a cru gagner, là ou la liste civile avait perdu et s'est trouvé chargé de tout le poids de la munificence de M. le vicomte de La Rochefoucauld. Sur le budget du théâtre Italien, on a vu figurer des appointemens de 35 mille fr. pour Mlle Sontag, de 36 mille fr. pour Mlle Blasis, de 42 mille fr. pour Mad. Pisaroni et de 75 mille fr. pour Mad. Malibran ; le dédit seul qu'il a fallu payer pour dégager Donzelli, a coûté 50 mille francs ; comme dit Bazile : *qui diable y résisterait ?*

Le privilège d'un théâtre Anglais était un dédommagement offert au directeur de l'opéra Italien ; j'ai toujours été convaincu qu'il y avait un grand succès à obtenir dans une entreprise de ce genre ; et le premier, j'en ai fait sentir les avantages, mais il ne fallait pas la tenter d'une manière incomplète, il fallait le théâtre Anglais avec toutes ses conséquences, la pompe de son spectacle, le luxe de ses costumes et de ses décorations, il fallait nous donner les grands ouvrages de Shakespeare comme on les joues à Drury-Lane, ou à Coven-Garden, il fallait les accompagner ou d'une farce, ou d'un petit opéra, ou d'une pantomime à grand spectacle ; voilà ce qui aurait fait courir et ce qui aurait assuré la fortune de M. Laurent, au lieu de cela qu'avons-nous eu? Des pièces dénuées de mise en scène, Richard III tenant sa cour dans le palais d'Othello, Jane Shore, venant mourir sur une place publique de Rome, Shilock plaidant sa cause dans la chambre à coucher de Juliette, et sans les talens vraiment étonnans de Miss Smithson, de Ch. Kemble, de Macready et de Kean, le théâtre Anglais n'aurait pas eu six semaines d'existence à Paris. C'est encore une entreprise neuve à faire et peut-être la seule de ce genre qui offre d'immenses chances de succès (*b*).

Il est bien prouvé aujourd'hui que le théâtre Italien, tel qu'il est organisé et avec les dépenses qu'il exige, ne peut pas se soutenir à Paris plus qu'il ne peut se soutenir à Londres; l'insatiable ambition des chanteurs de cette nation, ruinera tous les directeurs présens et futurs qui voudront essayer de la satisfaire. L'année dernière les dépenses du théâtre de l'Opéra à Londres se sont élevées pendant la saison des six mois à 39,700 guinées, bien près d'un million argent de France. Quelles sont les recettes qui en 80 représentations environ, peuvent couvrir de pareilles dépenses? Aussi M. Ebers, après 7 années de direction et de sacrifices immenses, a fini par y renoncer, et tous les directeurs prendront ce parti jusqu'à ce qu'une *prima dona* veuille se contenter du traitement de deux lieutenants-généraux (*c*).

THÉÂTRES SECONDAIRES.

Les théâtres secondaires n'ont pas échappé au marasme qui tourmente les théâtres royaux, et cette maladie est chez eux plus sensible, car la liste civile n'est pas là pour combler les déficits de leur caisse ; ils s'administrent à leurs risques et périls, et le ministre de l'intérieur sous la juridiction duquel ils sont placés se borne à les encourager de ses vœux et à leur souhaiter beaucoup de prospérité, il faut au moins lui en savoir gré : son prédécesseur n'en faisait pas autant, il tirait même une sorte de vanité à n'avoir pas mis les pieds dans un théâtre depuis 25 ans.

Ces théâtres sont au nombre de huit ; le théâtre de *Madame*, le *Vaudeville*, les *Nouveautés*, les *Variétés*, la *Porte-Saint-Martin*, l'*Ambigu-Comique*, la *Gaîté* et le *Cirque-Olympique* ; et par un vice d'organisation bien déplorable, ces huit théâtres ne jouent que deux genres, les quatre premiers le vaudeville, et les quatre derniers le mélodrame ; le Cirque y joint seulement les exercices de chevaux. Je ne pense pas qu'il faille aller chercher ailleurs les causes de leur mal-aise ; cependant cet état de langueur est moins sensible chez quelques-uns que chez quelques-autres ; ainsi, par exemple, le théâtre de MADAME fait en général de meilleures recettes que les autres théâtres du même genre, et le Cirque-Olympique attire la foule par la variété et l'éclat de son spectacle ; la Porte-Saint-Martin a même obtenu souvent des succès de vogue ; mais tous ces théâtres, je n'en excepte pas un, sont écrasés par leurs frais. Les appointemens et les feux ont triplé les dépenses du personnel dans les premiers emplois. Les plus forts appointemens du Vaudeville sous la direction de M. Barré étaient de six mille francs, ils s'élèvent aujourd'hui à plus de 20 mille. Potier est arrivé à Paris engagé pour trois ans à 4,000 fr., son engagement aux Nouveautés lui rapporte plus de 50 mille francs, Mlle Jenny-Vertpré, en débutant à la Porte-Saint-Martin avec le succès de la Pie, recevait 200 fr. par mois de M. de Saint-Romain; elle gagne aujourd'hui chez M. Poirson plus de 20 mille francs par an. Les appointemens de Frédéric et de madame Dorval s'élèvent à plus de 15 mille francs, ceux de Gobert approchent de bien près cette somme. Enfin toutes les notabilités dramatiques sont très-largement rétribuées; Odry, Vernet, Legrand, ont aujourd'hui des appointemens qui dépassent de beaucoup les belles parts de la Comédie-Française, aussi tous les acteurs s'enrichissent et la plupart des directeurs se ruinent.

Corse, en quelques années, fit une fortune de plus de 800 mille francs, madame Bourguignon en a laissé une presque aussi considérable, et il y a vingt ans que les cinq directeurs des Variétés se partagèrent, dans une année, près de 300 mille francs de bénéfices. Ces temps-là sont loin de nous : à cette époque, Tiercelin gagnait 5 mille francs, et l'administration n'avait payé que 24 mille francs de droits d'auteur ; aujourd'hui, avec la même recette, ce théâtre en aurait payé 84 mille ; alors Désaugiers, qui faisait faire chaque soir 3,500 fr. de recette avec *la Chatte* et *les Trois Étages*, touchait 24 fr. dans sa soirée; aujourd'hui, M. Scribe gagne 122,000 fr. dans un an.

L'augmentation prodigieuse des frais d'administration date de l'ouverture du Gymnase; M. Poirson, qui est sans contredit le plus habile, le plus fin et le plus heureux des directeurs de France, calcula fort bien qu'un théâtre qui commence et qui n'a pas de répertoire, a besoin de bons acteurs, et, sans *lésiner sur les frais*, il dégagea et engagea à tout prix tous les talens qui lui tombèrent sous la main. Cette espèce d'embauchage lui réussit à merveille, mais il servit à faire connaître aux acteurs ce qu'ils valaient, ou, pour mieux dire, le prix qu'on y attachait, et le premier coup fut porté aux entreprises dramatiques. M. Poirson ne s'en tint pas là; il devina la vogue qui allait s'attacher au nom de M. Scribe, et il s'empressa de mettre son théâtre sous la protection de ce spirituel auteur : ce fut le théâtre de Scribe, le théâtre des Barbistes, le théâtre des salons, et enfin, le théâtre de Madame; et dès ce moment, le vent de la prospérité n'a cessé de souffler sur lui. Tous les autres théâtres ont eu la sotte idée de se traîner à la suite de son genre et de ses succès, et nous ne voyons plus, depuis cinq ans, que des pièces de M. Scribe, ou à la manière de M. Scribe.

Les autres théâtres sont loin de ces chances de bonheur, et peut-être cherchent-ils les causes de leur mauvaise fortune ailleurs que là où elles sont; il m'est démontré que la principale est la confusion des genres.

Le système des actions qui a réussi il y a quarante ans au Vaudeville, et qui a failli ruiner le Gymnase, est aussi une des causes du mal-aise de la plupart des théâtres secondaires. Ce mode d'administration offre, il est vrai, des ressources d'abord; mais il entraîne avec lui de graves inconvéniens, dont les procès et les tracasseries ne sont pas les moindres; *les Nouveautés, l'Ambigu, le Cirque* ont dépensé plus de deux millions pour bâtir leur salle, ces sociétés en commandite, payent 5 p. 0/0 à leurs actionnaires; il faut donc prélever 100 mille francs sur les recettes; c'est payer trop cher l'honneur ou le plaisir d'être logé chez soi.

Il n'entre ni dans mon plan, ni dans mes idées de

faire le bilan de chaque théâtre; je le pourrais, je connais à merveille leurs charges et leurs ressources; mais ce travail ne serait ni opportun, ni décent; mon but est d'écrire sur des généralités, sans blesser les intérêts de personne; mon desir, au contraire, est de soumettre au public et à l'autorité quelques vues que je crois utiles pour amener la restauration de l'art dramatique.

THÉATRES DE PROVINCE.

C'est surtout dans la plupart des théâtres de province, que le marasme et la misère se présentent sous l'aspect le plus affligeant; si l'on excepte Rouen et Lyon, quelques villes du second ordre et une ou deux troupes d'arrondissement, tous les autres théâtres sont aux abois.

Rouen est la seule ville de France où l'amour de l'art dramatique se soit conservé; les compatriotes de *Corneille* tiennent à honneur la prospérité de leur théâtre; et si leur sévérité est souvent poussée à l'excès, si leur goût est quelquefois capricieux, du moins ils font preuve d'un grand respect pour les chefs-d'œuvre de notre scène comique et lyrique, et ils exigent impérieusement que les pièces de *Molière*, de *Regnard*, de *Destouches*, de *Dancourt*, et les partitions de *Grétry*, de *Dalayrac*, de *Méhul* et de *Monsigny* occupent une large place dans le répertoire de l'année. Tous les directeurs de Rouen s'y sont enrichis, parce que le public aime et encourage le spectacle; les autorités y attachent une grande importance, et l'action qu'elles exercent sur la composition de la troupe et sur le mode de gestion du directeur est déjà une garantie du succès. Si les grandes villes de France avaient conservé pour les jeux de la scène le même goût que les Rouennais, l'art dramatique ne serait pas tombé au degré d'avilissement où il se trouve.

Les causes de la prospérité du théâtre de Lyon ne sont pas les mêmes que celles du théâtre de Rouen ; elles tiennent sans doute beaucoup à l'habileté et à la bonne conduite du directeur ; mais les principales doivent être attribuées à des circonstances locales qui ne peuvent plus se reproduire.

Bordeaux et Marseille luttent encore, comme tant d'autres villes, contre l'indifférence du public, et se débattent sous le poids énorme des charges de leurs budjets. Ici, comme à Paris et comme dans toute la France, nous retrouvons pour cause première de la gêne des administrations dramatiques, l'excessive cherté du personnel des troupes, qui absorbe plus des trois-quarts de la recette ; à Bordeaux, les appointemens des acteurs des trois théâtres s'élèvent à plus de 500 mille francs, et la grande troupe n'est pas complète.

A Marseille, depuis dix ans, aucun directeur n'a pu tenir avec une troupe complète de grand opéra, d'opéra-comique, de comédie et ballet d'action ; j'aime à croire que l'habileté et l'expérience de M. Bernard lutteront avec avantage contre le soleil de la Provence, les missionnaires et les congrégations de pénitens de toutes les couleurs.

La comédie proprement dite est presque perdue en France ; elle est débordée par l'opéra-comique, et ce qui prouve le degré de mépris où elle est tombée, c'est qu'on formerait aisément une troupe complète de comédie avec les appointemens qu'on donne à deux premiers emplois d'opéra-comique. Aussi, le peu de comédiens qui reste encore s'empresse-t-il d'abandonner un genre que l'on semble prendre à tâche de décourager, et quitte bien vite la casaque de Mascarille, le manteau d'Orgon ou l'habit brodé d'Alceste, pour aller tenir un petit coin dans un sextuor ou dans un finale.

Cette rage d'opéra-comique se soutiendra-t-elle ? J'en doute; d'abord parce que le public de province est aussi fantasque qu'exigeant, et qu'il consomme en trois mois plus de nouveautés que tous les théâtres de Paris n'en fournissent en deux ans. Que nous restera-t-il, quand cette vogue de roulades et de points d'orgue sera passée ? Des chanteurs sans emploi et pas un comédien; des premières chanteuses qui ne savent pas dire trois lignes de prose, et des premières hautes-contre qui perdent la tête quand elles n'ont plus sous le nez l'archet du maître de musique.

Il y a en France des villes de troisième et de quatrième ordre, villes populeuses et où se trouvent en grand nombre des gens de goût et de bonne compagnie; ces villes, qui ne peuvent pas avoir des troupes sédentaires, reçoivent trois ou quatre fois par an des troupes d'arrondissement et des troupes ambulantes; je me suis convaincu qu'elles n'avaient pas vu depuis dix ans sur leurs affiches une seule comédie du *grand trottoir*; mais, en revanche, on leur met au courant du répertoire *l'Homme Automate*, *l'Ours et le Pacha*, *Desrues*, *le Forçat Libéré*, *Croquemitaine*, et une foule d'autres chefs-d'œuvre du même genre qui font le plus grand honneur à notre littérature dramatique.

La base fondamentale du théâtre est la comédie, tous

les autres genres ne doivent être qu'accessoires ; tant qu'on laissera envahir la scène par l'opéra-comique, le vaudeville et le mélodrame, on n'aura rien fait pour l'intérêt de l'art ; il y a quarante ou cinquante ans, quand le théâtre était florissant, une ville d'ordre n'admettait à son répertoire, l'opéra-comique que comme accessoire et en dessous d'un grand ouvrage comique ou tragique ; se serait-on permis d'y admettre les parades de la foire ou les farces de Nicolet ou d'Audinot ? Mais alors la province était fertile en sujets d'un grand mérite ; quand Préville, Molé ou mademoiselle Contat allaient en représentation, ils trouvaient dans toutes les villes leur répertoire monté et joué par emplois et avec les traditions aussi fidèlement conservées qu'à la Comédie Française : aujourd'hui, quand mademoiselle Mars va en congé, on est obligé de faire apprendre trois ou quatre rôles pour mettre au répertoire des pièces telles que *Tartuffe*, *le Misantrope* ou *les Fausses Confidences* ; il faut travestir tout d'un coup le Colin en Damis, le Philippe en Cléanthe, et la seconde basse-taille en Comte ; heureux encore quand, pour vous tirer d'embarras, la duègne a joué autrefois les soubrettes et le Laruette les premiers comiques et qu'ils veulent bien par complaisance jouer *Dorine* et *Dubois*, en ayant grand soin de dire au directeur que c'est bon une fois, sans cependant tirer à conséquence.

Si des villes d'ordre nous passons aux troupes d'arrondissement et aux troupes ambulantes, c'est là que d'autres misères et d'autres tribulations nous attendent ; c'est là qu'on retrouve encore dans toute leur vérité les scènes grotesques du Roman Comique, moins l'esprit et les saillies de Scarron. Il est difficile de se faire une idée de ce que peut être un mélodrame et même une pièce de M. Scribe jouée à Verdun, à Saumur, à Blois ou à Epernay; on ne conçoit pas que les tréteaux de Tabarin aient jamais pu être au-dessous de pareilles turlupinades. On n'est frappé que d'une chose, c'est de l'harmonie qui règne entre l'orchestre, l'éclairage, les acteurs, les costumes et les décorations; ce qu'il y a de certain, c'est que les uns ne se font pas valoir aux dépens des autres : dans la plupart des villes de province, l'état de la comédie n'est que pénible, ici il commence à devenir hideux.

DEUXIÈME PARTIE.

DES CAUSES DE LA DÉCADENCE DU THÉATRE EN FRANCE.

S'il est démontré que le goût du théâtre se perd en France, on peut se demander si c'est la faute des théâtres ou la faute du public ? Le dégoût est-il la suite de la décadence de l'art, ou cette décadence est-elle le résultat du dégoût ? Voilà les questions qu'il faut résoudre et dont la solution n'est pas facile. Il est assez embarrassant de décider quel est le principe qui a commencé par agir; je vais tâcher de le découvrir en examinant la question.

L'époque la plus florissante pour les théâtres depuis le commencement de la révolution, a été celle des huit années qui ont précédé la restauration; de 1806 à 1814, de grands succès, des succès de vogue, ont constamment enrichi tous les théâtres de Paris et presque tous les directeurs de province. Deux causes bien certaines ont produit ces heureux effets, l'arrêté du ministre de l'intérieur de 1806 et le décret de 1807; la source de la prospérité des théâtres est là; il ne faut pas la chercher ailleurs : *Réduction des théâtres et classification des genres.*

Avant cette époque, on comptait à Paris vingt-trois théâtres grands ou petits, ouverts tous les jours au public, et plus de cinquante *spectacles de curiosités, cafés, bals, fêtes champêtres, etc., etc.* Les grands théâtres étaient aux abois, et quelques-uns des petits seulement faisaient fortune; la plupart des autres se ruinaient, et les faillites s'y succédaient avec rapidité; tous les genres étaient confondus, et des Paillasses du boulevart jouaient impunément les chefs-d'œuvre de la scène française, qu'on annonçait à la porte dans une parade. Cet abus n'échappa pas à Napoléon, qui aimait les théâtres, et qui voulait tout ramener à des idées d'ordre et de convenance. Un travail fut préparé au conseil-d'état; on consulta des gens du métier, on s'entoura des lumières et des conseils des directeurs les plus expérimentés; les théâtres furent réduits par les décrets de 1806 et 1807, et les genres furent classés avec un goût et un tact admirables, et avec une sévérité qui ne livrait plus l'art au caprice des entrepreneurs et aux sottes prétentions des comédiens : ces décrets et ce réglement sont d'excellentes bases pour un code dramatique.

Cette réduction fut maintenue à peu près strictement jusques en 1814; mais depuis cette époque, chaque ministre a doté Paris d'un nouveau théâtre; dans ce moment, treize sont ouverts en vertu de bons priviléges qui garantissent leur existence légale au moins jusqu'en

1840. Quelques chiffres vont nous démontrer quel bien est résulté de cette augmentation de théâtres.

Il est bien prouvé, par vingt ans d'expérience, qu'il ne se dépense à Paris qu'une certaine somme d'argent pour le spectacle. Cette somme se balance toujours entre 5 et 6 millions. En prenant la moyenne de 5,500,000 fr., on aura, à peu de choses près, la valeur totale des recettes annuelles des théâtres de Paris. Cette somme, partagée entre treize théâtres, ne donnera à chacun que 423,000 fr., environ; si on ne la partage qu'entre huit, ils auront chacun 687,500 fr., en remarquant cependant que les théâtres dont les recettes dépassent cette somme enlèvent ce surplus aux théâtres qui font moins.

Si nous divisons à présent ces deux sommes par 365 représentations, pour avoir la recette journalière, nous aurons pour les treize théâtres 1,160 fr., environ par jour, et pour les huit théâtres 1,880 fr. Or il est bien démontré qu'il n'y a pas un théâtre à Paris qui n'ait plus de 1,160 fr. de frais journaliers, et qu'à l'époque où il n'y avait que huit théâtres, bien peu d'entre eux en avaient 1,880, d'où il résulte qu'avec l'ancienne organisation, presque tous devaient faire des bénéfices considérables, et qu'avec la nouvelle, la plupart doivent être constamment en perte.

Ces calculs, je n'ai pas besoin de le faire remarquer, ne sont qu'approximatifs; mais cependant ils peuvent donner une idée de la situation financière des théâtres. Ainsi on peut remarquer que, si cette année, par exemple, le théâtre de MADAME a élevé ses recettes, l'une dans l'autre, à plus de 1,900 fr. par jour, le théâtre des Nouveautés, en revanche, n'a pas pu faire arriver les siennes à 1,100 francs.

Ainsi dans la répartition des 5,838,000 fr., somme totale des recettes de l'année, chaque théâtre aurait dû avoir pour sa part, si les faveurs du public avaient été également distribuées, 452,300 fr., ce qui aurait établi les recettes journalières de chacun à 1255 fr.; mais comme le théâtre de Madame a été plus heureux que les Nouveautés, il a enlevé à celui-ci et à quelques autres, 650 fr. de plus qu'il ne lui revenait dans la répartition générale (*d*).

Je viens de prouver que la multiplicité des théâtres ne leur a pas été favorable, et je vais examiner si la confusion des genres a mieux servi leurs intérêts et ceux de l'art dramatique.

Les plus sages dispositions du règlement de 1807 ont été méconnues à tel point, que le vaudeville est chanté aujourd'hui sur huit théâtres, et que le mélodrame est joué sur cinq y compris la Comédie-Française; il n'y aura bientôt plus que les tragédies de Racine et les comédies de Molière qui ne seront plus jouées nulle part.

Il y a vingt ans que chaque théâtre avait son public ou ses amateurs, ou pour mieux dire il y avait des théâtres pour tous les goûts; l'homme qui avait pleuré la veille à *Fanchon*, allait le lendemain rire à *Dumollet*; quand l'un allait admirer les beaux vers d'*Hector*, ou applaudir *Les Deux Gendres*, l'autre allait s'amuser au *Chien de Montargis*, ou s'étourdir à la *Bataille de Pultawa*, aujourd'hui les mêmes sujets vous suivent partout; le *Solitaire* de M. d'Arlincourt a figuré sur quatre théâtres à la fois, et un roman de Walter-Scott a paru tour-à-tour sous les noms du *Château de Kenilworth* à la Porte-Saint-Martin, de *Leycester* à Feydeau, d'*Amy Robsart* à l'Odéon, et d'*Émilia* à la Comédie Française. *Faust, Mazaniello, l'Espion* ont occupé tous les théâtres de Paris, et souvent le même sujet a été traité deux fois au même théâtre, où on a vu immédiatement la *Princesse Aurélie* et *La Duchesse et le Page*. Cette monotonie de sujets, loin d'exciter la curiosité du public et de stimuler son goût, provoque au contraire la satiété ; on déserte le spectacle pour n'y pas voir toujours la même chose.

Il ne faut pas aller chercher ailleurs que dans la confusion des genres, une des principales causes de la décadence de l'art dramatique. Dès que les attributions de chaque théâtre n'ont plus été respectées, l'art a été livré à toutes les spéculations des entrepreneurs, au caprice des auteurs, et aux goûts fantasques du moment ; le mélodrame s'est emparé de tous nos théâtres, et le vaudeville lui-même a été chercher des pièces nouvelles dans le vieux répertoire du boulevart. Les succès du théâtre de MADAME ont amené, par imitation, à la Comédie Française la comédie de genre, qui n'est autre chose que le vaudeville de salon sans couplets, les théâtres du boulevart ont fait un échange de sujets et de pièces avec notre première scène comique. Ainsi *Valérie* qui était d'abord un petit acte pour le théâtre de MADAME, est devenue une comédie en trois actes pour les Français, et en revanche, des rôles faits pour Mlle Mars ont été joués par Mme Jenny-Vertpré (1); la Porte-Saint-Martin a reçu un mélodrame composé avec un vaudeville

---

(1) La *Folle*, ou le *Testament à l'anglaise*.

des Nouveautés (1), et ce dernier théâtre, par reconnaissance, a joué une pièce refusée à la Porte-Saint-Martin (2); enfin nous avons vu l'Académie Royale de Musique enrichir son répertoire d'un ballet composé avec un plan avorté d'opéra-comique (3). Je n'en finirais pas si je voulais rappeler toutes les métamorphoses qu'ont subies les pièces qui ont obtenu le plus de succès depuis dix ans, ce serait véritablement l'histoire des saturnales de notre scène.

Les droits, le genre et les privilèges de chaque théâtre étaient sévèrement observés autrefois, car non seulement la censure visait la pièce sous le rapport politique et moral, mais elle en jugeait encore la convenance. Les mémoires du temps nous font connaître avec quelle difficulté le drame parvint à s'introduire à la Comédie Française, et avec quelle persévérance on combattit, pour lui en interdire l'accès; et cependant les pièces de La Chaussée, de Saurin, de Sedaine, de Diderot et de Beaumarchais sont d'excellentes comédies en comparaison des monstruosités qu'on nous offre comme des chefs-d'œuvre depuis quelques années. Ce goût de la bonne comédie s'était conservé si pur, il y a encore quarante ans, que les vieux habitués de l'ancienne Comédie Française voyaient avec peine au répertoire le théâtre italien de Marivaux, et qu'un grand nombre de comédies, plus remarquables par la gaîté et les situations, que par ce qu'on appelait le *ton de la Comédie Française*, n'y furent admises qu'après la ré-

---

(1) La *Fiancée de Lammermoor*.
(2) Le *Bourgmestre de Blackschwartz*.
(3) La *Somnambule villageoise*.

volution, telles que la *Femme jalouse*, les *Étourdis*, le *Tartuffe de mœurs*, et un grand nombre d'autres que nous y applaudissons chaque jour.

Quelques critiques qui plaident pour la confusion des genres, ont prétendu que le ton de la Comédie-Française n'a pas toujours été aussi sévère qu'on veut le dire aujourd'hui, et ils citent pour exemple les farces de Scarron, les comédies-ballets de Molière, et quelques petites pièces de Dancourt. D'abord les comédies de Scarron ne sont plus depuis long-temps au répertoire, et n'ont guères, je crois, survécu à leur premier succès, qui remonte avant Molière; et si on les a vues depuis à la Comédie-Française, ce n'est que pendant le carnaval. Le *Bourgeois gentilhomme* et le *Malade imaginaire* sont des comédies de caractère, les cérémonies des *Mama mouchi* et des médecins ne tiennent pas à l'ouvrage, et n'y ont été ajoutées par Lully que pour égayer la cour; on ne les conserve même que dans les jours gras, comme la course des apothicaires de *Pourceaugnac*, la farce la plus gaie qu'on puisse voir; car personne n'a jamais prétendu qu'on ne dût pas rire à la Comédie-Française. Quant à la plupart des comédies de Dancourt, ce sont de petits tableaux de mœurs, pleins de traits d'esprit et d'observations, et qui n'ont jamais eu d'autre importance que celle qu'on accorde à ce qu'on appèle la *petite pièce*.

L'art dramatique tendra toujours vers sa décadence tant que les genres ne seront pas conservés. Le théâtre ne s'accommode pas plus du croisement des races que la nature; ces fusions ne servent qu'à faire perdre le type primitif et à enfanter des monstres. Si nous voulions enrichir la sculpture des ressources de la peinture, introduire la tragédie à l'opéra comique, le burlesque dans le pathétique, et l'héroïque dans la comédie, nous retomberions dans la barbarie, ou pour mieux dire nous ferions du romantisme.

Le dégoût momentané du public pour le théâtre n'est pas l'écueil le moins dangereux pour l'art dramatique. Ce dégoût tient peut-être autant à l'état de décadence de notre scène qu'à la révolution qui s'est opérée depuis quelques années dans nos mœurs. Il n'y a pas encore vingt ans qu'une première représentation était un événement dans Paris, qui occupait une partie de la population; comme alors il ne nous était pas permis de nous mêler de nos affaires, nous nous mêlions des affaires du théâtre : aujourd'hui le moindre marchand de la rue Saint-Denis a une position sociale, une existence politique, il est électeur et juré, il ne passe plus sa vie dans son entre-sol ou dans son arrière boutique. Il reçoit chez lui une fois par semaine et va chez ses amis les autre jours, il employe l'argent qu'il consacrait au spectacle à s'abonner à un journal qui le tient au courant des discussions parlementaires et des affaires de la Grèce et du Portugal, qu'il regarde presque comme les siennes. On ne voit plus les étudians faire le siége de l'Odéon pour aller siffler Christophe Colomb, mais on les voit se presser sur le perron de la chambre des députés. Dans la classe intermédiaire les dissidences politiques, qui pendant longtemps divisèrent la société en deux opinions qui ne se rapprochaient pas, sont aujourd'hui tellement affaiblies, qu'on commence à se réunir, les liens de la société se sont resserrés et les réunions de famille ont repris toute leur intimité; on n'éprouve plus le besoin d'aller au spectacle pour ne pas s'occuper de politique, ou pour éviter de faire connaître ses opinions. Dans la haute société, les réunions sont d'étiquette, l'ambition est de première nécessité ; et comme on ne fait pas son chemin dans le foyer de Feydeau ou au balcon des Français, on va à la cour ou dans les salons des ministres : on ne va voir une pièce que par ton et plus par goût, et lorsqu'elle a été honorée de la présence d'une Altesse royale. Parmi le peuple, le goût des cafés et des estaminets est devenu une fureur ; depuis quinze ans ces établissemens ont décuplé de nombre dans Paris, et les charmes d'un cigarre de la Havane, d'une poule ou d'un cent de dominos font oublier les plus beaux mélodrames du boulevart.

On ne saurait croire le tort qu'a fait aux spectacles le changement qui s'est opéré dans l'heure des repas. Sans remonter avant la révolution, où les gens qui dinaient à trois heures étaient remarqués, on peut se rappeler que, sous l'empire, tout le monde dinait à cinq heures ; on pouvait, après un dîner de deux heures, arriver aux grands théâtres avant le lever du rideau ; aujourd'hui, on ne se met plus à table avant six heures, et la moitié de la grande pièce est jouée quand on entre dans sa loge.

Une des plaies qui affligent les théâtres, est l'abus intolérable des billets de faveur, et l'abus plus grand encore des entrées gratuites. Il est difficile d'imaginer le tort que les entreprises dramatiques en éprouvent ; il entre tous les jours à Paris près de deux mille personnes au spectacle sans payer, ou sans qu'il arrive un sou du modique prix de leur place dans les caisses des théâtres. Les gens qui entrent ainsi au spectacle sont des gens qui l'aiment, et qui finiraient par y venir en payant au bureau, si tout autre moyen d'y aller leur était interdit. En mettant le prix moyen du billet qu'ils prendraient à la porte à quarante sous, il se ferait chaque soir 4 mille francs de plus dans tous les théâtres de Paris; ces 4 mille francs multipliés par 360, donneraient un surplus de recette de 1,240,000 ; à bien peu de choses près, 100,000 par théâtre. Je suis presque certain que mon calcul n'est pas au-dessous de la vérité ; je me suis assuré qu'un auteur a gagné cette année, par la vente seule de ses billets, bien près de 20 mille francs.

L'abus des entrées gratuites est encore plus répréhensible que celui des billets, qui repose, au moins pour la plupart de ces billets, sur un droit acquis. Les entrées de faveur sont une véritable lèpre pour les théâtres; leur nombre est effrayant dans les théâtres royaux. Il y a quelques années, que l'Opéra-Comique avait une liste de près de huit cents entrées de faveur ; je crois que la Comédie-Française et l'Opéra ne sont pas très-loin de ce nombre. A cet abus, assez nuisible par lui-même, l'Académie royale de musique joint encore celui des *loges de faveur*. Le nombre en est très-grand, et le ridicule de cette concession, c'est qu'elle est faite à des gens qui ont charge à la cour, et qui devraient être par leur position comptés au nombre des locataires de loges. Le directeur qui aura le courage de solliciter et le crédit d'obtenir une ordonnance du roi qui fasse cesser ce scandale, aura rendu à l'Opéra un service de plus de 80 mille francs par an. Les précédens ne manqueront pas pour appuyer cet acte de justice. Louis XIV, en 1665, et Louis XV, en 1720, *ont fait défense à toutes personnes, même aux officiers de leur maison, d'entrer à l'Opéra et à la Comédie sans payer*. Cette réforme coûta à Molière qui l'avait sollicitée, la vie d'un portier ; le directeur de l'Opéra qui tenterait un pareil projet, pourrait bien le payer de la perte de sa place : les abus de cour sont les plus difficiles et les plus dangereux à extirper.

Je n'ai fait connaître que quelques-unes des causes qui concourrent à la décadence du théâtre, il est temps de m'occuper des plus importantes.

Un établissement public qui est privé de l'action du gouvernement, est par cela seul menacé d'une ruine prochaine. Si l'autorité regardait pendant dix ans avec un œil d'indifférence l'agriculture, l'industrie et le commerce, ces trois sources fécondes de notre prospérité tomberaient bientôt dans l'état de dépérissement où nous les voyons en Espagne et en Italie. C'est ce qui est arrivé en France à nos théâtres, que l'ancien ministère traitait avec le mépris le plus insultant. La ruine des théâtres entrait dans les combinaisons du *sytème déplorable* ; c'était un sacrifice promis à la congrégation. Cette persécution s'étendait de Paris à la province, et toutes les notabilités des départemens se seraient bien gardées de se montrer dans un lieu où le ministre des arts se faisait gloire de ne jamais paraître. Aussi faut-il voir dans quel abandon sont tombés les théâtres de province. Plusieurs villes en France ont fait construire de nouvelles salles ; mais l'origine de leur construction remonte à une époque déjà éloignée. Il a fallu la persévérance la plus prononcée de quelques maires pour obtenir l'autorisation nécessaire à des établissemens de ce genre, et pendant dix ans, la ville de Dijon a disputé sa salle presque achevée aux exigences du séminaire. Partout les conseils municipaux mettaient une mauvaise grâce calculée à toutes les demandes qui leur étaient faites pour concourir à l'encouragement des administrations dramatiques ; et quand on parvenait, à force d'instances, à leur arracher une concession, on était presque certain qu'elle était rayée du budget et appliquée par un zèle pieux à l'établissement de quelque école de frères ignorantins : les applaudissemens donnés au *Tartuffe* coûtent cher depuis dix ans aux entreprises dramatiques.

Il n'est que trop prouvé que les théâtres de province ne peuvent plus se soutenir sans allocations particulières ; pas plus que les théâtres royaux sans subvention. Quelques villes ont senti cette nécessité ; mais aucune ne fait ce qu'elle devrait faire. Le temps n'est pas éloigné où les directeurs sentiront qu'ils soutiennent à leurs dépens des établissemens utiles aux grandes villes et qui devraient être à leur charge : car il faut en revenir à ce dilemne de Beaumarchais ; *si les théâtres ne sont bons à rien il faut les fermer, s'ils sont utiles il faut prendre des moyens pour les faire prospérer ;* et les moyens les plus efficaces en attendant que le goût du spectacle revienne, c'est de les soutenir par des subventions ou des concessions, au lieu de les écraser par des charges qu'ils ne peuvent pas soutenir, ou des exigeances qu'ils ne peuvent pas satisfaire sans se ruiner.

Dans les villes de second ordre, par exemple, qui ont droit d'après l'ordonnance du 24 décembre 1824 à une troupe sédentaire, les frais d'une troupe d'opéra-comique *exigée* par l'autorité s'élèvent à plus de 120 mille francs, les autres dépenses de l'entreprise sont au moins de 80 mille francs, ce qui porte les frais pour 200 représentations à 1000 fr. par représentation ; est-il possible de les atteindre dans une ville même de 60 à 80 mille âmes, avec des abonnemens dont le prix moyen est de 12 francs, c'est-à-dire environ 15 sous par représentation, et un abonnement militaire, dans les villes de garnison, fixé à un jour de solde, d'où il s'ensuit, qu'un sous-lieutenant qui est abonné pour trois francs ne paie pas sa place le prix d'un petit verre de cognac, et que le colonel ne paie pas la sienne le prix d'un billet de parterre au dernier des théâtres du boulevart.

Les ressources des théâtres de province sont trop bornées pour qu'avant peu de temps les directeurs ne renoncent pas à avoir des troupes sédentaires dans les villes de second et de troisième ordre ; les administrations locales seront obligées ou de les prendre à leur compte, comme cela est déjà arrivé à Metz, à Lille et dans plusieurs autres villes, ou de soutenir les directions par de fortes subventions plus en rapport avec les frais qui augmentent chaque jour dans une progression effrayante. Un grand nombre de villes ont aujourd'hui des salles neuves ; Lyon, Strasbourg, Dijon, Besançon, Avignon, le Hâvre, Dieppe, Boulogne ne jouent plus la comédie dans des granges ou des hangards, toutes ces villes ont des salles d'une élégance et d'une fraîcheur remarquables; mais aussi elles ont un public plus exigeant, qui ne veut pas souffrir des acteurs forains ; ces salles exigent un éclairage plus brillant, des décorations et des costumes plus riches ; les théâtres plus vastes demandent plus de monde sur la scène, en un mot, le directeur paie toujours par un quart de dépense de plus, les avantages d'une salle neuve ; et tel qui ferait sa fortune dans une baraque enfumée, se ruine dans un palais doré.

J'ai déjà parlé de l'exorbitance des appointemens des acteurs ; c'est là, il n'en faut plus douter, ce qui amènera la ruine des directeurs de Paris et de province. Le prix des places n'a pas été augmenté depuis trente ans dans les théâtres, et le nombre des amateurs de spectacle a plutôt diminué qu'augmenté ; cependant les appointemens des comédiens ont triplé, quadruplé, sextuplé dans quelques emplois ; la province compte à peine cinq ou six premières hautes-contres qu'on se dispute dans toutes les grandes villes, et qu'on s'arrache à force de sacrifices ; quelques talens secondaires se groupent autour de ceux-ci, et prennent leur part de leurs prétentions, tous les autres emplois de l'opéra suivent cette impulsion et le personnel des troupes est hors de proportion avec les ressources des théâtres. Au milieu de cette frénésie d'opéra-comique, la pauvre comédie est à peine aperçue, aussi est-elle abandonnée de ceux qui la jouent, les *seconds comiques* qui n'ont pas assez de voix pour prendre les *Trial* se faufilent dans le vaudeville et jouent les *Potier* et les *Perlet* ; les *financiers* apprennent l'emploi de *Lepeintre* et de *Fervilllle*, et les *grandes coquettes* oublient *Célimène* et *Araminthe*, pour ces rôles de jeunes veuves et de riches héritières que *Gonthier* épouse dans toutes les pièces de M. Scribe.

Le nouveau genre que semble avoir adopté la Comédie-Française, va faire encore renchérir les acteurs de mélodrame, qui après les chanteurs d'opéras sont le mieux payés. Fleury, Molé, Monvel, Saint-Phal seraient aujourd'hui des comédiens fort déplacés rue de Richelieu ; je ne discute pas ici le mérite des genres ; mais la suite nous prouvera qu'il faut à la Comédie-Française une autre troupe que celle que nous y voyons, pour jouer le drame romantique, et que jamais Joanny, Michelot, Firmin et Mlle Mars, malgré le succès brillant et mérité qu'ils ont obtenus dans *Henri III*, n'approcheront du dégré de pathétique de *Frédéric*, de *Gobert* et de Mad. *Dorval*, dans l'expression des sentimens passionnés, et dans la peinture des situations et des caractères énergiques du mélodrame.

Je ne me laisse pas éblouir par la vogue de *Louis XI*, du *Tasse* et de *Henri III*; je persiste à croire que les Comédiens-Français ne pourront pas soutenir ce genre, et qu'ils y perdront leur réputation de comédiens, sans y gagner celle d'acteurs de mélodrame; s'ils veulent déjà connaître l'effet de leur nouvelle entreprise, qu'ils essayent de redonner le *Misantrope* et les *Fausses Confidences* joués par tous les chefs d'emploi, et ils verront s'ils retrouvent les recettes de 4 et 5 mille francs qu'ils faisaient constamment il y a quelques années avec ces deux vieilles pièces du répertoire. On ne manquera pas de me dire que le nouveau genre a tué l'ancien, je répondrai avec plus de raison, que ce sont les comédiens de la comédie qui ont été tués par les comédiens du mélodrame; on ne court plus aujourd'hui pour voir Mlle Mars dans des rôles où elle n'est qu'admirable, et on ne va la voir que dans des rôles où elle est extraordinaire.

Que les Comédiens-Français ne s'abusent pas, ils n'obtiendront jamais, ni comme effets de scène, ni comme effet d'acteurs, les succès d'intérêt et de terreur qu'on obtient au boulevard; les acteurs de la Porte-Saint-Martin, qui ont un très-grand talent, connaissant beaucoup mieux qu'eux les ressources du genre et les pièces qu'on joue à ce théâtre, dépasseront toujours en situations dramatiques celles qu'on jouera à la Comédie-Française : dans la lutte qui s'établira, l'avantage des moyens restera incontestablement au théâtre qui ne craindra pas de tout risquer, et quand la Comédie-Française mettra en scène la place de la Révolution ; la Porte-Saint-Martin y mettra la place de Grève.

Il y a trente ans ou environ, qu'un jeune auteur qui, le premier avait deviné le goût futur de la Comédie-Française, obtint à ce théâtre une lecture pour un ouvrage tout-à-fait dans le genre de ceux qu'on y joue depuis quelques temps, rien ne manquait à ce chef-d'œuvre romantique ; Monvel qui assistait au comité, oubliant sans doute dans ce moment qu'il avait fait les *Amours de Bayard*, *Clémentine et Désormes* et les *Victimes cloîtrées*, dit avec indignation à l'auteur après la lecture : *Monsieur, allez porter votre pièce au boulevart* ; *Monsieur*, répondit ingénuement celui-ci, *j'en viens, on n'en veut pas* (1).

Il me reste à examiner le mauvais emploi des subventions accordées aux théâtres royaux : *Le Roi*, (dit le brevet expédié le 24 août 1682) *voulant favoriser les progrès de son Théâtre Français, accorde à ses comédiens une pension de 12,000 francs par an*. Depuis ce temps cette faveur a été fort augmentée, car elle est

(1) A plusieurs reprises, depuis soixante ans, la Comédie-Française a tenté des essais dans le genre qu'on appelle aujourd'hui *romantique*; mais elle n'avait jamais prétendu en faire un système dramatique. Le public tolérait ces écarts comme des erreurs passagères : c'étaient les momens de débauche d'un homme de bonne compagnie, qui se grise une fois par mois avec de la mousse d'Aï ; mais ce n'était pas le hideux spectacle d'une marchande de poisson de Billingsgate, ou d'un matelot de Wapinn, habituellement ivres de Porter, de tabac et de vin.

aujourd'hui de 200 mille francs ; les intentions généreuses du roi sont-elles bien suivies: et cette somme sert-elle réellement à *favoriser les progrès du Théâtre Français ?* Je le demande de bonne foi à M. le vicomte de Larochefoucauld.

Il n'est malheureusement que trop prouvé que non-seulement cette subvention, mais même toutes les autres accordées au théâtres royaux et qui s'élèvent à la somme énorme de 1,785,200 fr. sont mal employées et sans profit pour les intérêts de l'art dramatique, elles le sont sans goût et sans discernement et par le pur effet du caprice ; encore je ne parle ici que des subventions annuelles, car que n'aurais-je pas à dire si je voulais examiner dans quel but ont été dépensés plus de cinq millions pour bâtir l'inutile salle Ventadour, qu'on a été obligé de revendre à moitié prix avant son ouverture, et près de 2 millions, pour réparer, repeindre et redorer la salle Favart, pour les bouffes ; sans compter 4 millions qu'a coûté la *salle provisoire* de l'Opéra, qui déjà se lézarde et se crevasse de toutes parts : pauvre liste civile, l'intègre et prudent M. de la Bouillerie est venu à son secours cinq ans trop tard ; à moins de frais l'Opéra-Comique serait installé à Favart, l'Opéra à la Porte-Saint-Martin en attendant mieux, les Bouffes à l'Odéon et les coffres du roi auraient 10 millions de plus.

A quoi servent depuis dix ans les subventions royales et comment tire-t-on parti dans l'intérêt de l'art de la généreuse protection que le roi accorde aux théâtres ? Elles ont servi à faire des engagemens fastueusement ridicules, à des chanteurs et à des cantatrices italiennes, qui malgré leur talent et leur réputation n'ont jamais pû faire prospérer le théâtre Italien ; à porter les dépenses de l'Opéra à un taux tellement excessif, que ce théâtre, écrasé sous le poids des déficits et des arriérés, ne peut plus se soutenir que par de nouveaux sacrifices ; à remplacer l'Opéra Français par une imitation mesquine des théâtres d'Italie (1), à désorganiser l'Opéra-Comique et à user l'administration de ce théâtre en essais de direction et d'organisation de tous les genres, à établir à la Comédie-Française une lutte de costume, de décorations, de mise en scène et d'extravagances dramatiques avec tous les théâtres du boulevart, enfin à amener l'Odéon à la ruine successive de trois directeurs, tout cela a été fait en cinq ans et a coûté 15 millions au roi.

Pour bien concevoir l'emploi des subventions royales, il faut établir ce principe qu'elles ne sont pas un droit acquis aux théâtres royaux, une redevance que leur paie la liste civile ; mais un des effets de la munificence royale, une faveur du roi, qu'il se réserve le droit de distribuer selon sa volonté et son bon plaisir : quand les théâtres royaux ne compteront plus cette somme

---

(1) Quand Lully est arrivé en France, il ne s'est pas traîné sur les traces de la musique italienne ; il a créé la musique française : c'est à cela qu'il a dû la faveur de Louis XIV. *Il fut*, dit Voltaire, *le père de la musique en France ; il sut accommoder son art au génie de la langue ; c'était l'unique moyen de réussir.* Rossini, au contraire, dont je suis loin de contester l'immense talent, a exigé qu'on accommodât le génie de notre langue à son art ; il a voulu nous prouver que nous devions renoncer à notre école pour adopter la sienne, et qu'avant *Moïse*, on n'avait jamais eu en France ni musique, ni chanteurs. Vien et David ont régénéré en peinture l'école française, mais ils ne l'ont pas détruite et remplacée par l'école italienne ; ils ont fait oublier Vatteau, Boucher et Wanloo, en nous ramenant aux belles époques des Lesueur, des Poussin, des Lebrun et des Mignard.

dans leur budget (1), ils feront tous leurs efforts pour la remplacer par de l'activité, du talent, des études et des succès ; ces subventions au lieu d'être employées à grossir les appointemens déjà énormes de quelques chefs d'emploi, seront appliqués à augmenter le modique traitement de quelques pensionnaires modestes, laborieux et dont les talens méritent des encouragemens ; elles pourront servir à lever les difficultés qui s'opposent à ce qu'un grand nombre d'acteurs de Paris et de province, viennent prendre place dans les théâtres royaux, d'où l'intrigue les éloigne, en ne leur offrant que le quart de ce qu'ils gagnent dans des théâtres secondaires, et à encourager chaque théâtre à prendre une direction convenable à son genre, à ses intérêts et à ceux de l'art dramatique.

Une des causes qui ont porté le coup le plus funeste aux théâtres depuis quinze ans, est l'indifférence de la cour pour le noble passe temps des jeux de la scène, qui fit les délices de Louis XIV, de Louis XV et de Louis XVI; nos mœurs constitutionnelles n'ont pas détruit ce besoin, ou pour mieux dire ces habitudes de la nation, de se façonner aux goûts ou aux modes de la famille royale; c'était de la cour que nous étions accoutumés depuis long-temps à recevoir des leçons de politesse et de bonnes manières; nous imitions avec empressement dans nos fêtes et dans nos amusemens les jeux et les plaisirs du monarque : c'est une influence à laquelle les Français de toutes les opinions obéiront toujours sans s'en rendre compte. De tout temps la ville a voulu imiter la cour, et soit pour les

(1) Je ne prétends pas parler ici des subsides accordés à l'Opéra, qui sont un des principes nécessaires à son existence, du moins dans l'état actuel des choses.

approuver, soit pour les fronder, tout Paris, toute la France s'occupait des jugemens portés à Versailles, à Marly, à Fontainebleau ou à Compiègne sur une comédie ou sur un opéra nouveau. La protection que Louis XIV accordait aux théâtres n'eut pas suffi pour les faire prospérer, sans le goût décidé qu'il montrait pour eux ; il aimait avec la même ardeur les tragédies de Racine, les comédies de Molière et les opéras de Lully ; le spectacle était un des besoins de sa vie et un des amusemens indispensables de sa cour ; et lorsque dans sa vieillesse, les malheurs des dernières années de son règne ne lui permirent plus l'éclat de ses plaisirs brillans, ils trouvait encore une sorte de consolation à entendre réciter les vers de Racine par les jeunes filles de Saint-Cyr (1).

Louis XV n'a jamais pu se passer de spectacles ; ce prince se réservait les prémices de toutes les pièces nouvelles, et les débuts de tous les acteurs qui jouissaient de quelque réputation. On jouait la comédie dans les petits appartemens, et le roi lui-même s'amusait à distribuer les rôles aux seigneurs et aux dames de sa cour. Pour imiter le roi, le duc d'Orléans faisait jouer la comédie au Palais-Royal, au Raincy et à Villers-Cotterets, le duc de Penthièvre, à Sceaux ; le prince de

(1) Aujourd'hui, quelques ignorans qui croyent faire partie d'une nouvelle école, qui compte un grand nombre d'hommes de talent, n'ont rien trouvé de mieux que de ridiculiser la *perruque de Louis XIV*; perruque que portaient Boileau, Racine, Molière, Lafontaine, Girardon, Perrault, Catinat, et que Voltaire porta pendant les trente premières années de sa vie. Ce même Voltaire, qui était rempli d'admiration pour le *grand roi*, disait de ce siècle, où l'on portait des perruques qu'on trouve si ridicules : *Il sera difficile qu'il soit surpassé ; et s'il l'est en quelques genres, il restera le modèle des âges encore plus fortunés qu'il aura fait naître.*

Condé donnait dans ce genre des fêtes charmantes à Chantilly. De la cour, ce goût se répandit dans la haute société ; M. de la Popelinière, à Passy, madame d'Epinay à la Chevrette, tout ce que Paris avait de gens à la mode voulurent se donner les airs d'avoir un théâtre et de jouer la comédie.

L'aimable et spirituelle reine Marie-Antoinette aimait le spectacle avec passion ; elle quittait Versailles pour venir admirer Lekain, et applaudir aux succès de Piccini et de Gluck. Aussi, à l'abri de cette auguste protection, les théâtres prospéraient, et la plus petite ville de France éprouvait les effets de cette influence.

On ne saurait croire le bien que produit une représentation aux Tuileries ; le choix seul de *Tancrède* a porté dernièrement l'alarme dans le camp des romantiques, et si M. le Dauphin pouvait se montrer un jour à une représentation du *Misantrope*, la cause des classiques serait gagnée. Pour dernière preuve de l'influence favorable que peuvent exercer sur les théâtres les goûts de la famille royale, je me bornerai à faire observer que le théâtre le plus heureux de Paris a dû sa prospérité à la protection qui lui a été accordée par une princesse qui semble mettre sa gloire et son plaisir à encourager les arts, les lettres et l'industrie.

TROISIÈME PARTIE.

DES MOYENS DE PRÉVENIR LA DÉCADENCE

COMPLÈTE DE L'ART DRAMATIQUE.

Un des premiers besoins des théâtres, dans l'état de marasme où ils sont, est une organisation uniforme, forte, régulière et protectrice, qui les rende à l'action du gouvernement et les sorte du provisoire où ils sont placés depuis quinze ans. Cette organisation doit être générale et soumettre tous les théâtres à la même autorité.

Dans l'état actuel de nos institutions, il est inconstitutionnel qu'un certain nombre de théâtres restent sous l'influence d'un pouvoir sans responsabilité. Toute la partie politique étant dans les attributions du secrétaire-d'état chargé du département de l'intérieur, il en résulte des conflits continuels de droits et de prérogatives. Les fonds alloués pour l'Opéra sont portés au budget de ce ministre, qui est obligé de les ordonnancer au profit du directeur-général de la maison du roi ; cette position est déjà une anomalie dans l'ordre administratif ; le bon sens voudrait que les théâtres royaux, comme les autres théâtres, fussent administrés par le ministre de l'intérieur.

Une direction générale des théâtres ferait mouvoir tous les rouages de cette vaste machine ; elle comprendrait dans ses attributions l'organisation générale, la surveillance administrative, les réglemens généraux et particuliers, la censure dramatique, le classement des genres, les priviléges, les droits des auteurs, la nomination des directeurs de province, le personnel des troupes, et l'emploi des subventions, tant des théâtres royaux que des théâtres des départemens.

L'organisation générale est une des parties importantes de ce travail ; elle demande surtout pour la province des connaissances locales, qui ne peuvent être fournies que par d'anciens directeurs qui connaissent à fond les ressources de chaque arrondissement.

Pour Paris, cette organisation est simple; elle devrait se réduire à quatre théâtres royaux subventionnés, *l'Académie royale de musique*, *la Comédie-Française*, *l'Opéra-Comique* et le *théâtre Italien*. Les théâtres secondaires devraient être réduits à sept, le *Vaudeville*, les *Variétés*, le théâtre de *Madame*, la *Porte-Saint-Martin*, *l'Ambigu-Comique* et le *Cirque-Olympique*; et *l'Odéon*, puisqu'il faut un théâtre au faubourg Saint-Germain.

Ce nombre suffirait à un classement régulier des genres et aux besoins de la population; il offrirait à chaque théâtre des chances de succès, et détruirait une rivalité désastreuse.

A *l'Opéra*, la tragédie-lyrique et les ballets d'action;

Aux *Français*, la tragédie, la comédie de mœurs, de caractère et d'intrigue, en prose ou en vers, et le drame proprement dit;

A *l'Opéra-Comique*, les pièces villageoises, féeries, ou héroïques, mêlées de musique;

Au *théâtre Italien*, on ne jouerait que des opéras en langue italienne, sur de la musique étrangère;

Le théâtre de *Madame* aurait le privilége de la comédie de genre et des petites pièces de mœurs en un acte, mêlées de chant;

Le théâtre du *Vaudeville* exploiterait le vaudeville proprement dit, les sujets anecdotiques, les pièces de galerie, les parodies et les arlequinades. Toutes ces pièces devraient avoir des couplets sur des airs connus;

Le théâtre des *Variétés* jouerait des pièces grivoises, des farces et des parades;

La *Porte-Saint-Martin* aurait le privilége exclusif du mélodrame historique, héroïque ou bourgeois;

Le théâtre de *l'Ambigu* jouerait des pantomimes féeries ou arlequinades, à la manière anglaise, avec des prologues à deux ou trois acteurs parlant ;

Le *Cirque-Olympique* jouerait des pièces équestres et des tableaux militaires de toutes les époques.

Le théâtre de *l'Odéon* serait considéré comme un théâtre de province, et jouerait tous les genres, au choix du directeur ;

Les théâtres des *Funambules* et des *Acrobates* devraient être bornés aux danses de corde et aux exercices de voltige ;

Le *théâtre de Comte* serait conservé comme théâtre d'élèves.

Il est inutile de dire que ce projet est inexécutable dans ce moment, où la plupart des théâtres viennent d'obtenir des prolongations de priviléges ; mais il ne m'est pas prouvé que la force des choses n'en rende avant peu l'exécution très-facile. Il serait même possible qu'un intérêt bien entendu amenât deux théâtres à se réunir, le Vaudeville avec les Nouveautés, la Gaîté avec l'Ambigu.

Les genres ainsi classés, il y aurait déjà un grand pas de fait vers les améliorations. On aurait rendu à chaque théâtre sa physionomie particulière, détruit la confusion des genres, et réduit le nombre des théâtres dans une juste proportion.

Je sais que ce projet ferait jeter les hauts cris aux partisans de l'émancipation des théâtres, l'un des rêves les plus désastreux pour l'art dramatique, qui puisse passer par un cerveau libéral. Que peut-on gagner à avoir un plus grand nombre de théâtres ? Rien autre chose que de ruiner ceux qui existent, et d'enlever à

des professions utiles douze ou quinze cents jeunes gens qui viendront grossir le nombre des mauvais comédiens. M. Moreau, l'un de nos auteurs les plus spirituels et de nos critiques les plus distingués, a publié contre le système de l'émancipation quelques réflexions qui méritent d'être recueillies : « La libre concurrence en
« toute chose nous paraît excellente ; mais il y a cepen-
« dant pour les théâtres une observation à faire. Les
« vieux chefs-d'œuvre de la scène française, si niaise-
« ment attaqués de nos jours, par une coterie dont le
« ridicule a déjà fait justice, sont l'orgueil de la France;
« ils sont nos richesses nationales ; les étrangers nous
« les envient. C'est à la représentation de ces chefs-
« d'œuvre, quand ils sont joués par d'habiles comé-
« diens, qu'ils étudient la prononciation de notre lan-
« gue. Autrefois, la Comédie-Française était, pour ainsi
« dire, une succursale de l'Académie ; celle-ci indi-
« quait les préceptes, l'autre les mettait en pratique.
« Mais, si du temps de Molière lui-même, la foule dé-
« sertait le *Misantrope* pour courir à *Jodelet*, quelle
« est aujourd'hui, je ne dis pas la vieille comédie, mais
« la comédie moderne, qui pourrait lutter contre une
« pantomime du Cirque-Olympique ? *L'École des
« Vieillards* n'a certainement pas fait autant d'argent que
« *le Siége de Sarragosse*. Or, quand un spéculateur
« exploitera à ses risques et périls le premier théâtre de
« la nation, de quel droit l'empêcherez-vous de préfé-
« rer *le Siége de Sarragosse* (1) à *l'École des Vieil-
« lards* ? Il nous paraît impossible de regarder la Co-

(1) *Le Siége de Sarragosse* est un tableau militaire composé par un homme d'esprit et de talent, qui a prouvé sur la scène Française qu'il était appelé à obtenir des succès dans tous les genres.

« médie-Française comme une entreprise commerciale ;
« c'est un établissement national qu'on peut assimiler
« en quelque sorte à la bibliothèque du roi ; c'est le dé-
« pôt de notre vieille gloire dramatique ; c'est l'école
« où viennent s'instruire les jeunes poètes qui doivent
« continuer cette gloire. Il faut donc que l'existence des
« comédiens interprètes de nos grands-maîtres soit as-
« surée de telle sorte, qu'ils puissent rester fidèles aux
« bonnes traditions, et que, loin de suivre le mauvais
« exemple de tel ou tel petit théâtre qui n'a rien de com-
« mun avec la littérature, ils opposent sans cesse une
« digue aux débordemens du mauvais goût. »

Quels avantages peut-on retirer de l'émancipation des théâtres ? Je n'en découvre aucun, et j'y vois de grands inconvéniens. L'émancipation entraîne avec elle le droit de tout jouer, et nous retombons alors dans une confusion plus affligeante encore que celle où nous sommes ; la censure elle-même ne pourra plus mettre un frein à la licence du théâtre, et la morale et le goût en recevraient des outrages journaliers. Nous reverrons les boulevarts et les carrefours remplis de sales échoppes où l'on *jouera la comédie*, et quelle comédie ! sans doute du genre de celle qu'on jouait chez Mareux, chez Sallé, chez Doyen, aux Associés, chez Lazari, au théâtre Sans Prétention, et sur vingt autres tréteaux où la langue et le bon sens étaient écorchés sans pitié et insultés sans pudeur.

D'ailleurs, où placerait-on de nouveaux théâtres à Paris ? Toutes les salles construites sont occupées ; trouvera-t-on, malgré le décevant appât de gain qu'offrent les théâtres, des capitalistes assez audacieux pour risquer deux millions en achats de terrains et en constructions, afin de pouvoir rivaliser avec les salles élégantes qu'on vient de bâtir depuis quelques années ? Comme je viens de le dire, on jouera la comédie et on chantera l'opéra dans des granges et dans des écuries, avec des acteurs ramassés dans les plus mauvaises troupes ambulantes ; on mettra les billets d'entrée au plus bas prix, et tout ce qui résultera de ce nouvel ordre de choses, sera d'avoir enlevé les petites places aux théâtres établis, et d'avoir rendu leur position plus précaire et plus embarrassée. Les théâtres échelonnés autour des barrières, depuis les *Termes* jusqu'au *Mont-Parnasse*, leur font déjà assez de tort, sans chercher à augmenter, *intrà muros*, les dangers de la concurrence. Cette concurrence funeste servira à avilir nos chefs-d'œuvre, qui jusqu'ici ne sont que dédaignés. On verra se renouveler toutes les turpitudes qui déshonoraient la scène il y a trente ans. Les ouvrages de nos grands-maîtres, livrés à la plus honteuse médiocrité, et défigurés sur les tréteaux, nous verrons les successeurs de Cadet Roussel recommencer les orgies dramatiques du théâtre de l'Estrapade, et couvrir de leurs ridicules les plus belles productions de notre langue ; le scandale arrivera à tel point, que *le Cid, le Tartuffe, Athalie* et *OEdipe* travestis à Paris, ne seront plus respectés et dignement représentés qu'à Londres, à Berlin ou à Moscow, où les interprètes de Corneille, de Molière, de Racine et de Voltaire, forcés d'abandonner la place aux parodistes de leur art, iront chercher une protection qu'on leur refusera dans leur pays.

Je vais à présent examiner les moyens possibles d'assurer à chaque théâtre une organisation fixe et convenable.

Le titre de *théâtre royal* ne doit être pour une administration dramatique qu'un titre honorifique, qui ne doit pas la faire sortir du droit commun. On peut être *comédien ordinaire du roi, pensionnaire du roi, membre de l'Académie royale de musique ou de danse*, et cependant être sous l'administration du ministre de l'intérieur. Quelques personnes paraissent intéressées à ne pas laisser sortir les *théâtres royaux* des attributions de la maison du roi ; elles semblent craindre que ces théâtres ne perdent de leur dignité en cessant d'être dirigés, régis, administrés et manipulés par des *chargés des beaux-arts*, des *inspecteurs des beaux-arts* et des *directeurs des beaux-arts*. Tout cela est ridicule ; on aime et on protége autant les beaux-arts rue de Grenelle, nº 101, que rue de Grenelle, nº 119 ; et je ne vois pas pourquoi les théâtres royaux ne seraient pas aussi bien placés à côté des académies, des bibliothèques et des autres grands établissemens littéraires, qu'à côté des porcelaines de Sèvres et des tapis d'Aubusson.

On sent aisément qu'il serait ridicule que l'administration des théâtres royaux fut confiée directement au ministre de l'intérieur, qui ne doit exercer sur eux qu'une surveillance générale et réglementaire ; il faut que chaque théâtre conserve son administration particulière et ne se rattache à la juridiction ministérielle que comme tous les autres théâtres du royaume : ainsi l'ancienne Comédie-Française reste sous l'empire de l'acte de société de Molière. L'Opéra-Comique et l'Opéra-Italien conservent leur directeur aux charges et conditions établies dans leur privilége, le ministre est là pour veiller à l'exécution des réglemens et des statuts, et distribuer la subvention royale d'après les bases qui seront établies. Quant à l'Opéra, son administration doit être confiée à la *ville de Paris* soit pour son compte, soit à l'entreprise : les avantages de cette organisation qui n'est pas nouvelle sont nombreux et faciles à apprécier.

A Rome les édiles étaient chargés du soin des représentations dramatiques, ils faisaient construire les théâtres, présidaient à tous les ornemens de la scène, qui devaient *toujours être riches et précieux*. C'étaient les édiles qui payaient les acteurs et les auteurs des poëmes et de la musique ; toutes ces dépenses étaient supportées par les *édiles curules* ; aujourd'hui nous sommes moins exigeans : à Rome les spectacles étaient offerts *gratis* au peuple, à Paris on n'entre pas à l'Opéra à moins de 3 fr. 50 cent., ce qui diminue de beaucoup les charges de l'édilité.

En 1749, le roi donna l'administration de l'académie Royale de Musique à la ville de Paris, M. de Bernage alors prevôt des marchands en prit possession et la dirigea jusqu'en 1757 où la ville traita du privilège pour trente ans avec Rebel et Francœur ; différentes administrations se succédèrent pendant ce temps, et après plusieurs chances de bonnes et de mauvaises fortune, ce théâtre fut de nouveau administré par la ville en 1789 jusqu'en 1792, où l'on nomma pour directeurs Francœur et Célérier.

Ainsi, en rendant l'administration de l'Opéra à la ville de Paris, on ne ferait que renouveller un plan qui a été tenté plusieurs fois avec succès. Ce mode s'arrangerait à merveille avec notre système administratif, et rendrait au ministre de l'intérieur toute son autorité, sur un théâtre qui, plus que tout autre a besoin d'être soumis à son influence; les rapports entre le ministre et le préfet étant réguliers et légaux, on serait débarrassé de ces froissemens continuels de droits, de prérogatives et d'attributions qui s'élèvent chaque jour au sujet des théâtres royaux entre le ministère de l'intérieur et le ministère de la maison du roi.

Nous vivons dans un siècle tellement positif, que l'art d'administrer n'est aujourd'hui qu'une opération mathématique ; nos hommes d'état établissent chaque jour notre position politique avec des chiffres ; on classe les crimes et les vertus par colonnes ; on opère sur les consciences en partie double ; la fidélité et le dévouement se calculent : il n'est pas jusqu'à la faculté de penser et d'écrire qui ne soit résolue par une règle d'arithmétique. Enfin, la triste prérogative de naître et de mourir est soumise au calcul des tables du bureau des longitudes : on ne trouvera donc pas ridicule que je fasse de l'Opéra avec des chiffres, quand je vois tous les jours faire de la monarchie avec des additions.

Voici un petit calcul dont on ne me contestera pas la modération et qui prouvera que la ville de Paris est plus intéressée que qui que ce soit à la prospérité de l'Académie Royale de Musique.

La nouvelle salle de l'Opéra contient 2000 personnes, je suppose un succès non pas comme celui de *Moïse* ou du *Siège de Corinthe*, mais un de ces succès de bon aloi, comme nous en avons vu quelques-uns, tels que celui de la *Vestale*, de la *Lampe Merveilleuse* et même de la *Muette de Portici*, qui produisent 7, 8 et quelquefois 10 mille fr. de recette, et qui amènent de ces *chambrées* nombreuses et brillantes semblables à celles qui sont honorées de la présence de la famille royale.

Je partage les spectateurs par nombre égal d'hommes et de femmes, nous aurons donc mille hommes et mille femmes.

Sur ces 1000 hommes il n'en est pas un qui ne dépense au moins 20 sous de toilette pour venir à l'Opéra ne fut-ce qu'en linge blanc : ci 1,000

J'en compte 500 dont la toilette est plus soignée et qui, en gants, souliers, rafraîchissemens, boîtes de pastilles, etc., etc., n'en sont pas quittes à moins de 20 fr. : ci 10,000

J'en compte 200 pris dans les plus hautes classes de la société, dans l'élite des *fashionables* qui n'oseraient pas se montrer à l'Opéra sans un costume neuf ou à-peu-près, et je ne force pas en dépense en leur allouant 150 fr à chacun pour leur soirée : ci 30,000

On avouera que la toilette des femmes est incomparablement plus chère et leurs goûts plus dispendieux, en n'accordant à la plus modeste que 5 fr. de menue toilette je suis presque ridiculement parcimonieux : ci 5,000

J'en compterais aisément à l'amphithéâtre, aux secondes et aux troisièmes loges 500 qui n'ont pu consentir à venir à l'Opéra sans une légère dépense de 40 fr. ; tous les hommes mariés et même beaucoup de ceux qui ne le sont pas savent ce qu'on peut avoir dans la rue Vivienne, pour deux pièces d'or, la moindre folette, le plus petit brin de fleurs, un ruban, un chiffre suffisent pour faire dé-

A reporter. 46,000

                    D'autre part.   46,000

passer de beaucoup cette somme, j'aurai donc pour ces 500 dames que je range au nombre des plus raisonnables et des plus modestes : ci   20,000

Je ne serai pas exagéré dans mon calcul quand je porterai à 200, le nombre des femmes de la cour, de la haute finance, en un mot toutes les notabilités sociales féminines qui, en toques, en bonnets à la Caroline, en bérets et en élégantes merveilles sorties des magasins de madame Céliane, de Franchet et de tant d'autres artistes qui contribuent à la toilette d'une femme depuis le marchand de cachemires, jusques aux joailliers ; auront dépensé 500 francs pour leur soirée : ci   100,000

Je trouve donc que cette représentation aura valu au commerce de la capitale pour une seule soirée : ci   166,000

Si on pouvait parvenir à obtenir un de ces succès qui font courir tout Paris pendant cinquante représentations, on aurait jetté dans les magasins de Paris une somme de 8 millions 300 mille francs, dans l'espace de 4 mois environ et avec un seul succès.

Il me parait incontestable que la ville de Paris a le plus grand intérêt à faire prospérer l'Opéra ; et pour lui en faciliter les moyens, il faut lui en confier l'administration : en outre des ressources qu'elle peut y trouver, ce théâtre en recueillera d'immenses avantages, il sera régi avec plus d'économie, plus de splendeur et plus de justice : je vais en donner la preuve.

La ville de Paris qui jouit de 40 millions de revenus et qui les dépense, entretient une foule d'établissemens publics dont la consommation est immense et dont les fournitures sont données à l'entreprise; plusieurs de ces fournitures sont les mêmes que celles de l'Opéra : on éclaire l'Opéra comme on éclaire les rues de Paris, et on le chauffe comme les hospices et les prisons; dans le cahier des charges de ces entreprises, l'éclairage et le chauffage de l'Opéra passeraient presque inaperçus; ce que je dis ici pour la bougie, pour l'huile et pour le bois, je pourrais le dire aussi pour la toile des décorations, pour les bois de construction, pour la ferblanterie et pour un grand nombre d'autres services qui se trouveraient remplis à l'Opéra sans que la ville de Paris augmentât ses dépenses d'un centime; on me répondra sans doute, que la ville de Paris a des marchés passés, pour toutes ces fournitures, pour plusieurs années, j'en conviens; mais ce qui ne peut pas s'exécuter aujourd'hui, pourra l'être très-facilement quand on renouvellera ces marchés.

La justice serait plus sévère et plus scrupuleuse, confiée aux soins d'une magistrature toute paternelle, les grandes discussions entre le directeur et ses pensionnaires seraient seules décidées par le préfet, qui habitué à discuter de graves intérêts administratifs, serait au-dessus d'une foule d'intrigues de coulisses et de petites tracasseries d'amour-propre; il verrait avec la même impartialité les exigences du directeur et les caprices du comédien, et déciderait toujours avec son bon sens et son équité, au lieu de décider comme il arrive trop souvent avec des passions, des haines ou des affections. Les chanteurs et les danseuses n'oseraient pas demander une audience au préfet pour faire changer l'heure d'une répétition ou pour obtenir une place dans un pas de trois.

La ville de Paris qui, je le pense, donnerait l'Académie Royale de Musique à un entrepreneur, et qui lui donnerait une belle salle sans loyer, un théâtre bien machiné et garni de toutes ses équipes, qui pourrait lui donner cette salle éclairée et chauffée ; qui pourrait mettre à sa disposition des toiles et des bois pour toutes les décorations nouvelles (1) ne ferait plus un marché à titre onéreux, et au lieu de donner une subvention de 8 ou 9 cent mille fr., avec une somme moindre de moitié ou des deux tiers peut-être, exigerait de lui un grand luxe de mise en scène, une grande variété de répertoire, la conservation de notre tragédie lyrique et de notre école de danse, et la réunion pour les deux genres des talens les plus distingués ; la ville de Paris exercerait une grande surveillance sur toutes les parties du service ; et sans courir des chances de pertes, pourrait stipuler son admission au partage des bénéfices quand ils dépasseraient une certaine somme, ainsi qu'elle le fait dans plusieurs marchés et notamment dans celui du onzième, dans le droit des indigens ; elle interdirait surtout l'abus de ces congés accordés aux premiers sujets de la danse, si nuisibles aux intérêts de l'Opéra dont les talens sont aujourd'hui plus connus à Londres qu'à Paris.

Pour fixer l'état de la Comédie-Française, il ne faut

---

(1) Ne fut-ce même qu'en se servant des immenses matériaux et du mobilier de théâtre, sans emploi, enfouis dans les magasins des Menus-Plaisirs.

rien faire de neuf, il faut remonter aux anciens statuts qui ont fait ses succès et sa splendeur, ce théâtre qui a constamment attiré la bienveillance de nos rois, possède dans ses archives les élémens de sa régénération. Louis XIV voulant en 1680 assurer l'existence du Théâtre Français, *ordonne la réunion dans une même troupe des meilleurs comédiens de Paris, afin de rendre les représentations plus parfaites ; et pour leur donner les moyens de se perfectionner de plus en plus, sa Majesté veut, que cette seule troupe puisse représenter des comédies dans Paris.* Louis XV, en 1758, assura par de nouvelles précautions le régime intérieur de la Comédie-Française ; il voulut donner de *nouvelles marques de sa protection pour ce spectacle formé en France par le talent des plus grands auteurs qu'elle ait produits, à l'exemple duquel il en a été établi de semblables dans les principales cours de l'Europe et qui à juste titre a été honoré de la protection particulière du feu roi Louis XIV,* etc.

Ces titres, il me semble, sont assez beaux pour que les Comédiens Français se montrent jaloux de les conserver ; propriétaires de toutes nos richesses dramatiques, ils en doivent compte au public, et au lieu de chercher des ressources passagères, et je dirai même honteuses, dans le genre bâtard du mélodrame, ils devraient, puisqu'ils sentent leur insuffisance pour représenter dignement nos chefs-d'œuvre, qu'ils laissent dans un coupable oubli, prendre tous les moyens de leur rendre leur éclat : ce qu'ils ne font pas il faut que l'autorité le fasse en employant toute son influence pour obtenir des sujets qui puissent venir au secours des acteurs de la rue de Richelieu ; ces moyens, il les trouvera dans des débuts nombreux et bien entendus, et dans l'emploi de la subvention royale, non plus au profit d'une coterie, mais dans le véritable intérêt de l'art.

Les débuts ne seront pas dans ce moment un grand moyen de succès, parce que la province est aussi pauvre que Paris en comédie et en tragédie ; mais quand une organisation des théâtres de province, telle que je l'entends, aura au bout de quelques années ramené la faveur sur ces deux genres, la Comédie-Française pourra y trouver de grandes ressources : en attendant il faut qu'elle appelle à elle tous les talens des théâtres secondaires de Paris, et qu'elle en éloigne toutes les médiocrités qui se groupent autour de quelques-uns de ses premiers sujets : il faut qu'on emploie les fonds de la subvention à attirer à la Comédie-Française, Potier, Perlet et Lepeintre, en leur assurant *un rang* et un traitement dignes d'eux ; qu'on dépouille un sot amour-propre et qu'on cherche des acteurs parmi les réputations du boulevart ; il n'y a d'aristocratie au théâtre que celle du talent, et rien n'est plus aisé que de faire d'un bon acteur un *comédien du roi* ; qu'on se souvienne seulement que Damas, Baptiste aîné et Michot ont commencé au boulevart, et que mademoiselle Mars elle-même, a fait ses premiers essais sur le théâtre Montansier (1).

(1) En Angleterre, on ne connaît pas la ridicule hiérarchie que les comédiens établissent entre eux à Paris. Les talens les plus distingués des trois royaumes jouent successivement dans les comtés et dans les capitales, dans les grands et dans les petits théâtres. On voit tous les jours un acteur du premier mérite passer de Cobourg à Cowent-Garden, de Cowent-Garden à l'Adelphi, et quitter l'Adelphi pour remplir le premier emploi à Drury-Lane.

La Comédie-Française n'a pas pu penser qu'en lui accordant la jouissance exclusive et gratuite de nos richesses dramatiques, on lui avait aussi donné le droit de les enfouir et d'en priver le public, sous le ridicule prétexte qu'elle est hors d'état de les représenter dignement. Est-il juste que nous soyons privés de *Cinna* et de *Britannicus*, parce qu'on ne trouve à la Comédie Française que des acteurs en état de jouer *l'Espion* et le *Cid d'Andalousie* ? (*f*)

Au reste, tout ceci se rattache à un système dont le public n'est plus la dupe, et dont les journaux ne font plus un mystère. Je n'entrerai pas dans la question de savoir si les auteurs qui ont adressé une supplique au roi, ont fait ou non une chose convenable ; les auteurs qui l'ont signée, sont tous gens d'honneur et de talent, et n'ont pas pu faire une démarche contraire aux lois de la délicatesse et aux intérêts d'un art auquel ils ont dû tous leurs succès ; mais ils ont peut-être été effrayés, comme tous les gens de goût, de la direction qu'on veut donner au Théâtre-Français. Que doit-on penser, quand on voit les adeptes du parti qui domine à ce théâtre, s'écrier : « Quoi ! faudra-t-il toujours as-
« sister au lever d'*Agamemnon* et au réveil d'*Arcas* ;
« voir *Hyppolite* quitter le séjour de l'aimable Trezènes
« et suivre tristement le chemin de Mycènes ? La joue
« de *Don Diègue* n'a-t-elle pas reçu assez de soufflets,
« et *Cinna* n'est-il pas assez accablé de la clémence
« d'*Auguste* ? Qui nous délivrera des chefs-d'œuvre ?
« S'il est une autorité qui en ait le pouvoir, c'est le
« public ; cette heureuse réforme a été commencée sous
« ses auspices. » Le manifeste est clair et n'a pas besoin de commentaires, on le trouve dans *la Pandore*

du 30 juin 1827. Un autre écrivain de ce parti, que je ne nommerai pas, s'écrie d'une manière encore plus énergique : « Quand cessera-t-on de nous fatiguer des « *viragos* de Corneille, des marquis de Racine, et des « pédans sentencieux de Voltaire. » Depuis, on a été plus loin ; on est venu insulter les bustes de ces grands hommes jusque dans le foyer de la Comédie-Française ; attendons-nous à les voir briser et traîner dans les rues au premier succès romantique.

Qu'on ne pense pas que je veuille proscrire un genre dont je ne blâme que les écarts ; et ces écarts même, je ne les trouve condamnables qu'à la Comédie-Française. Ce n'est pas d'aujourd'hui qu'on a essayé d'agrandir le cercle des émotions dramatiques, et nos grands-maîtres eux-mêmes n'ont-ils pas été chercher des situations et des caractères plus neufs dans les théâtres étrangers. *Sophocle*, *Euripide*, *Plaute*, *Térence*, *Sénèque*, n'ont-ils pas fourni le sujet de nos plus beaux ouvrages dramatiques ? Corneille a mis à contribution *Guilhem de Castro*, *Lope de Véga* et *Calderon* ; Voltaire a trop timidement, peut-être, essayé de nous faire connaître *Schakespeare* ; ces essais, et ceux de Ducis, n'ont pas été repoussés du public ; et plus près de nous encore, *Marie Stuart* et *l'Amour et l'Intrigue*, de *Schiller*, arrangés avec goût pour la scène française, ont été accueillis avec faveur ; mais vouloir, sur la même scène, nous donner *Schakespeare* avec toute l'incohérence de son génie, ses fantômes, ses fossoyeurs, ses sorcières et ses revenans, *Schiller* avec tous les longs développemens de son sublime talent, *Gœthe* avec tous les écarts et toutes les rêveries de son imagination poétique et de sa métaphysique allemande, c'est dégrader notre premier théâtre, abatardir son genre et pervertir le goût national.

Je voudrais, dans l'intérêt de nos chefs-d'œuvre, qu'on établît un théâtre romantique, où l'autorité laisserait jouer ce genre avec tout le développement et le dévergondage de sa poétique ; je voudrais qu'aucune production de notre jeune littérature n'en fût repoussée, et que tout y trouvât place, depuis les pièces du théâtre chinois jusqu'au Cromwell de M. Victor Hugo. Nous verrions combien de temps durerait cette lutte, et dans un an, on jugerait de quel côté sont restés les spectateurs (1).

Il est inutile de parler ici de l'Opéra-Comique, qui commence une nouvelle ère dont il faut attendre les résultats : une nouvelle salle, un nouveau directeur, presque une nouvelle troupe et un nouveau répertoire, voilà bien des élémens de succès et des chances d'espérance ; d'ailleurs, ce théâtre est le seul qui soit sans concurrent ; il a su maintenir ses priviléges avec force et est resté unique dans son genre. Sa troupe peut se renouveler au besoin ; Grétry, plus heureux que Corneille, trouve des acteurs pour le soutenir au répertoire à côté des partisans de Boïeldieu, d'Auber, d'Hérold et de Caraffa, qui ont eu le talent d'ajouter de nouveaux agrémens à la musique française et d'en-

---

(1) Pour comble de disgrâce, la nouvelle route que la Comédie-Française a cherché à se frayer, ne l'a pas conduite à des résultats avantageux. S'il faut en croire mademoiselle Duchesnois, les parts, l'année dernière, ne se sont élevées qu'à 7 mille francs, et la Comédie s'est endettée de près de 100 mille. Jamais Racine ni Molière n'ont réduit les desservans de leur culte à une portion aussi congrue.

richir notre orchestre, sans leur rien faire perdre du caractère national.

Si j'ajoute à la liste des théâtres royaux dont je viens de parler, l'Opéra-Italien, sur lequel il y aurait trop à dire, et l'Odéon, sur lequel il n'y a plus rien à dire, j'aurai parcouru l'examen d'une partie des domaines que la nouvelle organisation donnerait au ministre de l'intérieur, et je m'aperçois en même-temps que M. le chargé des beaux-arts, où, pour mieux dire, le directeur des beaux-arts, vient de disparaître de la scène administrative, comme jadis Romulus disparut dans une tempête. C'est, au reste, un léger inconvénient du nouveau système, ou, pour mieux dire, c'est un bienfait pour les théâtres royaux, et un bonheur pour M. de La Rochefoucauld lui-même, qui trouve loin de ces foyers d'intrigues et de tracasseries, un repos dont il n'a pas joui depuis cinq ans, et dont il a été privé pour des fautes qui n'étaient pas les siennes. M. le vicomte de La Rochefoucauld est un homme d'une loyauté chevaleresque, dévoré du désir de bien faire, et de faire beaucoup. Il aime les arts et se plaît à encourager les artistes ; peu d'hommes sont plus dignes de la confiance du roi, qu'il aime avec un respect touchant et un dévouement plein de noblesse. Les fautes qu'il a commises dans son administration ne peuvent pas lui être attribuées ; les mesquineries, les ridicules, les niaiseries lui ont toujours été étrangers ; les idées généreuses et les choses de grâce et d'à-propos sont les seules qui lui appartiennent. On n'oubliera jamais ce qu'il a fait pour les châteaux royaux et pour le Louvre, et le zèle qu'il a mis à suivre les nobles inspirations qui lui ont été données par les deux hommes de talent qui sont à la tête des Musées (1). Mon opinion sur M. le vicomte de La Rochefoucauld est bien désintéressée ; je ne lui ai jamais rien demandé, et je ne lui demanderai jamais rien ; je désire qu'il reste long-temps à la tête de la direction qui lui a été confiée, mais qu'il quitte le plus tôt possible l'administration des théâtres royaux.

Les théâtres secondaires, réduits et classés, doivent retrouver avant peu la prospérité qui leur est échappée depuis quelques années ; surtout si, par des mesures bien concertées, ils peuvent parvenir à diminuer les dépenses effrayantes du personnel de leur troupe. Le système d'actions que tous ont adopté est une source d'entraves et de tracasseries qui nuisent à la marche de l'administration. Les journées entières se passent, pour la plupart, en assemblées d'actionnaires, en audiences arbitrales, en conférences judiciaires, en visites chez les juges, et pendant ce temps les affaires du théâtre restent en souffrance ; le régisseur est quelquefois obligé d'aller chercher le directeur dans la salle des Pas-Perdus, pour en obtenir un répertoire, ou pour lui faire signer un ordre de répétition. J'ai fait le relevé des procès qui, directement ou indirectement, se rattachent au théâtre, et j'en ai compté 278 depuis deux ans ; aussi n'y a-t-il pas un théâtre qui n'ait à sa charge un conseil judiciaire aussi cher et aussi nombreux qu'une troupe de comédiens.

Les théâtres secondaires étant des entreprises particulières, il ne m'est pas permis de faire connaître les fautes administratives qui ont amené quelques-uns d'entre eux à l'état de malaise où nous les voyons.

(2) MM. de Forbin et de Cailleux.

L'examen de ces matières touche de trop près au crédit de ces entreprises, pour qu'une pareille investigation soit convenable ; j'ai pu discuter librement les vices d'administration des théâtres royaux, parce que la subvention qu'ils reçoivent les rend justiciables de la critique. Quant aux intérêts privés, un écrivain qui se respecte sait les respecter ; il parle des généralités et des moyens d'amélioration, et laisse aux amateurs de scandale le vaste champ des personnalités.

Je parlerai avec quelques développemens de l'organisation des théâtres de province, parce que je pense que de là dépend en grande partie la prospérité et la régénération des théâtres de Paris. Nous acquerrons chaque jour la preuve qu'on n'obtient de succès au théâtre qu'avec de bons acteurs, et que, sans acteurs, les meilleurs ouvrages ne peuvent se soutenir. Les acteurs ne se forment qu'en jouant ce qu'on appelle le *grand trottoir*; c'est la comédie et la tragédie qui sont la base de toute éducation dramatique ; tant que ces deux genres ne seront pas *protégés, soutenus et exigés*, dans toutes les grandes villes, on n'aura rien fait pour relever l'art théâtral ; il faut beaucoup de choses pour faire un comédien : du temps, des planches, du rouge, des quinquets et un public qui repousse les médiocrités, et qui encourage le mérite. Dans un conservatoire, on fait des chanteurs et des instrumentistes ; mais on ne fait pas des acteurs. Les meilleurs professeurs ne feront jamais que des écoliers : où sont les élèves de Talma ? qu'ils nous montrent ce que leur maître leur a laissé. Est-ce Monvel qui a fait mademoiselle Mars, dont le talent ne s'est développé qu'après avoir joué dix ans la comédie sans succès ? Quels ont été les maîtres de

Lekain, de Préville, de Molé et de Talma ? Leur génie et le public.

La pépinière des théâtres de Paris doit être la province. Faites fleurir la comédie en province, et vous la verrez bientôt florissante à Paris. Mais, dira-t-on, la Comédie-Française ne peut-elle pas former des élèves sur son théâtre ? Non, car elle ne peut pas courir les chances de leur médiocrité ou de leur mérite ; elle ne peut pas perdre son temps en essais et en éducations souvent manqués ; il faut qu'elle joue un jeu sûr et qu'elle ne s'entoure que de talens faits, et ces talens ne peuvent lui arriver que des grandes villes ; c'est donc à l'organisation des théâtres de province qu'il faut avoir recours pour en obtenir.

La comédie et la tragédie doivent être obligées dans toutes les grandes villes qui ont un théâtre sédentaire, l'opéra-comique et les autres genres ne doivent y être qu'accessoires.

La comédie et la tragédie pourront n'être qu'accessoires dans les troupes d'arrondissement, mais devront y être jouées l'une ou l'autre au moins une fois par semaine.

Mais pour obliger les directeurs à jouer ces deux genres qu'on a laissé tomber dans le discrédit le plus complet, il faudra les soutenir par une allocation, qui devra être au moins de la moitié des frais de personnel de la troupe ; cette allocation pourra être réduite, s'il est démontré par les comptes que le directeur a gagné plus de 10 pour cent, toutes ses dépenses payées ; elle devra être augmentée, s'il est certain que le directeur est en perte réelle. Il est prouvé que les grandes villes ne peuvent pas se passer de spectacles, et il est encore mieux prouvé que le plus grand nombre des directeurs se ruinent. Il est temps qu'on cesse d'offrir aux entrepreneurs de spectacles le leurre des ressources d'une grande ville, et que les administrations locales jouissent, aux dépens du directeur, des avantages qu'elles reçoivent d'un théâtre, pour la police, la tranquillité et les plaisirs d'une grande population.

Je prendrai pour exemple Metz, où tous les directeurs, depuis quinze ans, ont perdu de l'argent, et je produirai les ressources de la ville, puisqu'on les a publiées dans le journal de la Moselle du 13 janvier dernier (g).

La ville accorde..............	12,000 fr.	
Les abonnemens militaires...	30,000	
Les loges et les abonnés civils.	30,000	145,200 fr.
Les recettes journalières......	72,000	
Et les droits sur les forains...	1,200	

Il est impossible, quand tous ces calculs seraient exacts, que le directeur qui donnera à la ville un opéra complet, une comédie et un vaudeville accessoires, ne perde pas vingt mille francs; encore faudra-t-il qu'il n'ait qu'une troupe très-ordinaire et qu'il se refuse à toute dépense de mise en scène; et cependant Metz ne peut pas se passer d'une troupe sédentaire avec une population de quarante mille âmes et une garnison de dix mille hommes; est-il plus juste que ce soit le directeur qui perde, que la ville ? Il faut donc offrir aux directeurs tous les moyens de se soutenir, en les obligeant à concourir à la prospérité de l'art dramatique.

Il faut diviser la France en quatre grandes directions

dramatiques, et en huit directions secondaires. Les premières seront Bordeaux, Lyon, Marseille et Rouen; les secondes seront Nantes, Toulouse, Strasbourg, Lille, Montpellier, Versailles, Dijon et le Hâvre. De chacun de ces théâtres dépendraient deux troupes qui seraient au compte de chaque directeur, et dont il pourrait sous-traiter à des charges et conditions qui seront établies plus tard. Il y aura pour toute la France douze troupes ambulantes qui desserviront, à des époques déterminées, les villes dont les directeurs des villes du troisième ordre leur auront laissé l'exploitation, au moyen d'une redevance. Les troupes de second et de troisième ordres ne seront sédentaires et annuelles que lorsque les maires auront fait des traités avec les directeurs sur les bases établies plus haut. Dans les cas contraires, elles seront libres de parcourir leur arrondissement et de fermer leur théâtre pendant trois mois d'été, si les directeurs le jugent convenable à leurs intérêts, ou même de ne commencer l'année théâtrale qu'au mois de septembre.

Aucun acteur ne pourra contracter un engagement avec un directeur, s'il ne s'est fait inscrire dans les bureaux du ministère de l'intérieur, et s'il ne justifie qu'il sait au moins lire et écrire sa langue correctement; il fera connaître depuis combien de temps il joue la comédie, l'emploi qu'il y tient, le genre qu'il a choisi, les troupes dans lesquelles il a joué, et il laissera copie certifiée de son répertoire.

L'acteur qui commence la comédie devra s'inscrire ou se faire inscrire au ministère de l'intérieur, établir qu'il sait lire et écrire sa langue correctement, produire l'autorisation de ses parens ou de ses tuteurs, et un certificat de bonne conduite du maire de sa commune; on ne pourra être inscrit sur le contrôle dramatique avant l'âge de seize ans pour les garçons, et avant celui de quatorze pour les filles; les enfans des comédiens, connus sous le nom d'*enfans de la balle,* seront inscrits du jour où ils commenceront à paraître en scène.

Les comédiens qui commenceront la comédie ne pourront débuter que dans les troupes de la banlieue des environs de Paris ou dans les troupes ambulantes.

Ils ne pourront être engagés dans une troupe d'un ordre supérieur qu'après avoir tenu leur emploi au moins un an dans une troupe inférieure.

Sont exceptés de cette disposition les enfans de comédiens, qui pourront jouer dans les troupes ou jouent leur père et mère, au moins jusqu'à l'âge de quinze ans.

Aucun comédien ne sera admis à débuter sur un théâtre royal que lorsqu'il aura tenu son emploi au moins trois ans dans une ville de premier ordre, cependant, sur le rapport d'un des inspecteurs dramatiques, un comédien pourra être admis aux débuts avant cette époque.

Il sera choisi quatre inspecteurs par le ministre, deux pour la comédie, la tragédie et le drame, et deux pour l'opéra, l'opéra-comique et le vaudeville; ils feront au moins deux tournées par an, chacun dans les villes qui leur auront été assignées, et fourniront des rapports sur l'état des troupes, tant pour le personnel que pour le matériel, sur la position et la gestion des directeurs, le répertoire et les progrès de l'art, et indiqueront dans chaque genre les sujets qui pourront être admis aux débuts dans les théâtres royaux.

Les directeurs des théâtres secondaires de Paris pourront obtenir, au ministère de l'intérieur, des renseignemens sur la capacité et les talens des acteurs de province.

Le ministre décidera des emplois qui seront admis aux débuts dans les théâtres royaux ; il prononcera sur l'admission des débutans, soit comme pensionnaires, soit comme sociétaires, et pourra, en cas de contestation, leur assurer des appointemens sur les fonds de la subvention.

Il sera formé pour chaque genre un répertoire général, qui sera le même pour toutes les troupes ; il sera arrêté par une commission composée des deux inspecteurs du genre, de deux acteurs du théâtre dont le répertoire dépendra, de deux membres de l'Académie française, ou de deux membres de l'Académie des Beaux-Arts, pour le répertoire lyrique, et de deux anciens directeurs de spectacle; elle sera présidée par le chef de la division des théâtres ; son travail sera soumis à l'approbation du ministre, qui arrêtera définitivement chaque répertoire, et en adressera aux maires de chaque ville et aux directeurs, qui seront obligés de s'y conformer ; chaque année le ministre désignera les pièces nouvelles qui devront y être ajoutées.

Aucun acteur ne sera admis à débuter à Paris s'il ne sait, et n'a joué au moins les deux tiers de son emploi dans le répertoire général.

Toutes les distributions des pièces seront arrêtées par emplois par la commission, et les acteurs et les directeurs seront obligés de s'y conformer.

Il y aura chaque année, pendant le mois de clôture des théâtres, une commission nommée par le ministre, qui tiendra ses séances au moins deux fois par semaine, et qui recevra les réclamations des directeurs tant de Paris que des départemens; les directeurs des quatre grandes villes seront obligés de s'y rendre; pour les autres, cette clause ne sera que facultative : le travail de la commission sera soumis au ministre.

Je n'ai pas eu la ridicule prétention de faire un Code Dramatique dans une brochure de quelques pages, je n'en ai ni la mission ni les moyens, ce soin appartient à l'autorité compétente; je n'ai voulu que lui soumettre quelques observations que je crois justes et qui sont le fruit de vingt-cinq ans d'études et d'expérience; elles sont fort incomplètes sans doute, mais je crois qu'elles peuvent servir de bases à une organisation théâtrale aussi utile qu'urgente, si on veut prévenir la perte totale d'un art auquel la France doit une portion de sa gloire; portion aussi brillante et aussi respectée que celle que nous avons acquise par nos victoires; celle-là nous laisse l'orgueil de penser qu'aujourd'hui même nos chefs-d'œuvre dramatiques font l'admiration de tous les peuples et sont joués dans toutes les capitales de l'Europe, quand nos drapeaux ne flottent plus sur leurs remparts, et que les noms de Corneille, de Racine, de Molière et de Voltaire ne sont pas moins honorés de l'étranger que ceux de Condé, de Turenne, de Catinat, de Luxembourg, de Masséna, de Lannes, d'Oudinot et de Macdonald.

NOTES.

(a)

La protection exagérée qu'on a accordée à l'Opéra-Italien et les dépenses folles qui ont été faites pour lui, ont non-seulement servi à perdre la Musique française, mais elles ont servi encore à perdre l'Académie royale de Musique, en faisant de ce théâtre étranger un spectacle de mode et de caprice qui attirait la plus haute société de Paris. Qu'est-il arrivé? C'est qu'on a déserté l'Opéra-Français pour aller à l'Opéra-Italien.

En 1814, il y avait à l'Opéra pour 180 mille francs de loges louées; à mesure qu'on a fait valoir l'Opéra-Italien aux dépens de l'Académie royale de Musique, la location des loges a diminué : elle n'était plus que de 120 mille francs en 1824, et successivement elle n'a plus rapporté que 80 mille francs. Enfin, depuis qu'on a interdit l'entrée du théâtre aux membres du corps diplomatique et aux seigneurs de la cour, la location est tombée à 40 mille francs.

Je crois cependant que, depuis le succès de *la Muette de Portici*, elle s'élève un peu plus haut.

(b)

Paris, le   juin 1827.

Au Rédacteur du *Courrier des Théâtres*,

Monsieur,

Tous les amis de l'art dramatique se sont réjouis des succès que mademoiselle Georges et Eric Bernard ont obtenus à Londres, sur le théâtre du roi. Il y a loin de l'accueil qui vient d'être fait à nos artistes français, au traitement qu'éprouvèrent, il y a cinquante ans, Monet et sa troupe; à la vérité, entre ces deux événemens, il s'en est passé beaucoup d'autres qui ont puissamment contribué à diminuer cette haine brutale qui a trop long-temps existé entre deux peuples faits pour s'estimer et pour se prêter mutuellement le secours de leur industrie, de leur littérature et de leur civilisation.

L'établissement d'un théâtre français à Londres, et, par réciprocité, celui d'un théâtre anglais à Paris, serait du plus haut intérêt; les gens de lettres et les artistes des deux nations le désirent, et, sous le point de vue politique et sous le point de vue littéraire, on en retirerait de grands avantages.

J'ai fait pour ma part tout ce que j'ai pu pour y contribuer, et j'aime à croire que mes efforts n'ont pas été sans quelque influence sur les résultats qu'on obtient aujourd'hui.

Lors de mon premier voyage en Angleterre, je fus convaincu que le théâtre anglais pouvait offrir, comme étude, de grandes ressources à nos acteurs et à nos auteurs; j'en causai souvent avec Talma, qui, très versé dans la littérature anglaise, et lié d'amitié avec les plus grands acteurs de ce pays, était sur cet objet pour le moins aussi anglomane que moi.

Dès que j'eus un théâtre à ma disposition, je voulus faire une tentative; elle ne fut pas heureuse. J'avais engagé, pour quelques représentations à la Porte-Saint-Martin, la troupe de Penley, que je fis débuter dans les premiers jours de juillet 1822. Cette troupe était médiocre, quoiqu'on y remarquât quelques acteurs d'un mérite distingué; mais eût-elle été excellente, elle n'eût pas réussi; la sottise de l'esprit de parti s'en mêla, et l'on crut remporter une victoire nationale sur les Anglais, en forçant à la retraite quelques pauvres comédiens compatriotes du duc de Wellington, qui n'étaient pour rien dans notre défaite de Waterloo. Le désordre et le scandale furent poussés jusqu'à la barbarie, et les Anglais retournèrent chez eux chassés ignominieusement, au moment même où les gens de la plus haute distinction, à Londres, accueillaient avec une bienveillance exquise la petite troupe française d'Argile Rooms.

Cette mésaventure ne me découragea pas, et je voulus faire un nouvel essai, qui n'était qu'une nouvelle tentative pour arriver à de plus grands résultats. J'engageai à Londres, l'année dernière, un des meilleurs mimes de l'Angleterre. Le succès prodigieux qu'obtint M. Cooke me fit espérer que, l'année suivante, je pourrais montrer à Paris la tragédie et la comédie anglaises dans tout leur éclat. Des circonstances particulières ne m'ont pas permis de réaliser ce projet, mais je pense que le moment est arivé de l'exécuter avec avantage.

Le gouvernement a, dit-on, accordé un privilège pour un théâtre anglais à Paris, mais ce privilège est trop borné pour qu'il puisse servir utilement l'art dramatique. Jamais le théâtre de la rue Chantereine ne pourra suffire au développement et à la splendeur qu'exige la scène anglaise; il faut un théâtre plus vaste, plus noble, plus digne de Schakespeare : ne serait-il pas convenable d'accorder à la Melpomène britannique la salle Favart, les jours où on laisse reposer le gosier de madame Pisaroni et les bruyans accords de M. Rossini ? M. le vicomte de La Rochefoucauld rendrait un grand service à notre scène, en accordant à une troupe d'élite d'acteurs anglais une portion de cette généreuse protection qu'il prodigue avec tant de noblesse à tous les faiseurs de roulades de l'Italie.

Quelques représentations des chefs-d'œuvre anglais sur un théâtre royal, pendant les mois de clôture des grands théâtres de Londres, époque où nous pourrions jouir des talens de Kean, d'Young, de Kemble, de Macready, d'Elliston, de miss Foote, de mistriss Davenport, et d'un grand nombre d'autres talens aussi distingués, seraient d'un grand intérêt pour notre littérature dramatique, et avanceraient peut-être l'époque glorieuse pour la France, où Corneille, Racine et Molière seront applaudis et admirés dans le pays et par les compatriotes de Schakespeare.

Le zèle ardent et éclairé que vous montrez chaque jour pour la prospérité de notre scène, et la persévérance avec laquelle vous soutenez les droits de nos artistes, me font espérer que vous accorderez une place dans votre journal à cette lettre, dont vous approuverez du moins l'intention.

Recevez, Monsieur, etc.

J.-T. MERLE.

(C)

APERÇU des Recettes et des Dépenses de l'Opéra de Londres, pendant la saison de 1821.

RECETTES.					DÉPENSES.			
Loges........	L. (1). 20516	1	0	Appointemens de l'Opéra........ L.	8636	7	6
Parterre......	9714	12	0	—————— du Ballet........	10678	15	6
Galeries......	1017	15	0	—————— de l'Orchestre......	3261	0	0
	31248	8	0	Dépenses des bénéfices............	833	3	3
Bals et Concerts.	975	5	1	Directeurs......................	1737	12	10
				Secrétaire-Trésorier............	840	8	0
				Garçons, Domestiques............	493	4	7
				Mise en scène, Décors et Costumes.	5372	17	9
				Éclairage......................	1281	7	11
				Loyers, Impositions et Assurances.	3878	13	6
				Réparations...................	205	12	8
				Tapissiers, Imprimeurs..........	1218	0	6
				Garde, Police, et autres Dépenses.	742	0	1
Perte pendant la saison......	7075	5	0				
	39298	18	1		39298	18	1

Extrait de l'ouvrage anglais d'Ebers, intitulé : *Seven Years of the King's Theatre*, by John Ebers, late manager of the King's Theatre in the hay market. — London, William Harrisson, aim worth, old Bond Stret. — 1828.

(1) Les sommes sont évaluées en livres anglaises, qui valent 25 francs.

(84)

(d)

ETAT des Recettes des théâtres de Paris pendant l'année 1828.

Théâtre de	F.	
Madame	688658	non compris la location des loges.
Cirque-Olymp	600815	
Opéra	505972	non compris id.
Opéra-Comique	533411	non compris id.
Variétés	490831	
Coméd. Française	488184	non compris id.
Vaudeville	450214	
Gaîté	348219	
Italiens	434641	non compris id.
Nouveautés	387732	
Porte-St-Martin	360818	fermé 4 mois.
Ambigu	232429	fermé 5 mois.
Odéon	184723	fermé 2 mois.
	5838054	

(e)

Moniteur du 17 juillet 1828. — NOTE sur les subventions accordées par le Roi aux théâtres royaux.

Académie royale de musique	850000 fr.
Théâtre Italien,	95800
Théâtre Français	200000
Opéra-Comique	150000
Odéon. { subvention	100000
{ dépenses accessoires	11800
Pensions et retraites des artistes du second Théâtre Français	9108
A reporter	1416708

D'autre part. . . .	1416708
Pensions aux hommes de lettres et aux artistes. . .	13000
Secours annuels.	3000
Ecole royale de musique.	136000
Institution de musique religieuse.	45000
Subventions aux écoles de Lille et de Toulouse. . .	6000
Gratifications pour le service de santé des théâtres. .	3000
Traitement des compositeurs du roi et inspecteur-général du chant, chargé de composer des ouvrages nouveaux.	20000
Traitement du vérificateur attaché à la commission des comptes.	2000
Fonds de réserve.	23492
Total.	1785200
Le fond subventionnel n'étant que de.	1460000
Reste à la charge de la liste civile.	325200

(f)

Napoléon, qui allait souvent à la Comédie-Française, et qui arrivait presque toujours dans sa loge sans être attendu, manquait rarement, quand il en avait le temps, la représentation d'une tragédie de Corneille, qui était son auteur favori. En 1807, il arrive un soir, à l'improviste, au moment où l'on jouait *le Cid*, dont les principaux rôles étaient confiés aux doubles; il rentre aux Tuileries de fort mauvaise humeur, et fait appeler M. de Rémusat, chambellan, chargé du Théâtre-Français; il lui adresse de vifs reproches sur le scandale d'une pareille représentation, et lui ordonne de prendre une plume et d'écrire la distribution suivante :

Le Cid,	Talma ;
Don Diègue,	Monvel ;
Le comte de Gormas,	Saint-Prix ;
Chimène,	Mlle Duchesnois ;
Le Roi,	Lafon ;
Don Sanche,	Damas.

« Allez à la Comédie Française sur-le-champ, lui dit-il, faites sa-
« voir aux Comédiens que je serai après-demain, à sept heures du
« soir, dans ma loge, et que je veux voir *le Cid* joué d'une manière
« digne de *Corneille*. »

La représentation eut lieu au jour indiqué, et produisit une recette de 5 mille francs.

(*g*)

Journal de la Moselle, mardi 13 janvier 1829.

De l'Administration théâtrale.

Aura-t-on un théâtre à Metz l'année prochaine, c'est à dire, au 21 avril 1829, ou en sera-t-on privé ? telle est la question qu'on se fait. La solution en est difficile. En effet, trois années de suite ont malheureusement eu un résultat peu encourageant pour les directeurs ; aussi l'entreprise n'a-t-elle cessé d'être onéreuse pour l'administration qui s'en est chargée ; car toujours les dépenses ont surpassé de plusieurs milliers de francs les recettes. D'où provient donc ce déficit annuel dans la caisse du théâtre de Metz ? A-t-il pour cause une dépense mal entendue, ou des charges que s'impose l'administration, et qu'elle pourrait éviter ? Nous ne le pensons pas, et dans le cas où quelques suppressions indispensables s'effectueraient, elles seraient loin de suffire pour combler un déficit qu'il est presqu'impossible d'éviter, vu le prix élevé qu'exigent aujourd'hui la plupart des artistes, prix si peu en rapport, non pas avec leurs talens, mais bien avec les ressources que peuvent en général offrir les villes où ils exploitent.

Le déficit qui frappe les directeurs ou les entreprises théâtrales provient donc de la faiblesse des recettes que l'on prélève sur le public. Si Metz veut conserver son spectacle, il faut incontestablement s'écarter de la marche routinière suivie depuis vingt ans, et donner à l'exploitation théâtrale de nouvelles ressources, qu'elle ne peut trouver que dans une perception plus lucrative ; et dont les moyens nous paraissent assurés, s'ils sont adoptés par la majorité des habitans de cette importante cité.

En voici les principales dispositions :

L'administration municipale continuerait de donner annuellement, à titre de secours, la somme de 12,000 francs.

Tous les dimanches indistinctement seraient réservés à l'administration théâtrale.

Le prix des abonnemens, pour seize représentations, resterait le même qu'autrefois.

MM. les abonnés militaires auraient le privilège d'entrer au specacle les dimanches, moyennant un franc.

MM. les abonnés civils, en ajoutant trois francs par mois en sus du prix de leur abonnement, jouiront de leur entrée le dimanche. Mais si cette condition leur paraissait trop onéreuse, alors ils seront libres de prendre cinq ou dix billets à 1 fr. 50 c. chacun, qui leur procureront leur entrée les dimanches, quand bon leur semblera.

Le prix des troisièmes loges sera fixé à 75 centimes, au lieu d'un fr. Les mardi et vendredi, moyennant un fr., on aura deux entrées aux troisièmes loges.

Vu la réserve du dimanche, les jours d'abonnemens courans seraient les lundi, mardi, jeudi et vendredi de chaque semaine, le samedi étant consacré aux études et répétitions générales.

De cette manière, on pourrait atteindre à un résultat qui mettrait l'administration à l'abri de toute chance fâcheuse et en situation de remplir honorablement ses obligations à l'égard du public et de ses pensionnaires.

Par cette mesure, les recettes pourraient s'élever, d'après l'expérience du passé, approximativement à 145000 francs, ainsi qu'il suit :

Subvention accordée par la ville.	12000 fr.
Abonnemens militaires.	30000
Abonnemens civils.	30000
Recettes journalières.	72000
Droits sur les divers spectacles forains et bals.	1200
Total.	145000

APPENDICE.

ÉTAT des principaux engagemens des Artistes de l'opéra et du ballet du Théâtre du Roi, à Londres, pendant la période de 1821 à 1827.

OPÉRA.	1821 L.	1822 L.	1823 L.	1824 L.	1825 L.	1826 L.	1827 L.
Albert (Mme).........	160	»	»	»	»	»	»
Ambrogetti (Sig.)....	600	350	»	»	»	»	»
Augrisani (Sig.)......	600	550	»	»	»	»	»
Ayton (Miss).........	»	»	»	»	»	»	500
Begrez (Sig.).........	100	400	»	»	366	»	»
Benetti (Sig.)........	»	»	»	500	»	»	»
Biagioli (Mme)......	»	»	»	200	»	»	300
Bonnini (Mlle)......	»	»	»	»	»	1700	»
Borgondio (Mme)....	»	»	400	»	»	»	»
Brambilla (Mlle)....	»	»	»	»	»	»	350
Brizzi (Mme).......	»	»	»	»	»	»	400
Camporese (Mme)..	1650	1550	1920	»	»	»	»
Caradori (Mme),....	»	300	400	500	400	700	1200
Cartoni (Sig.)........	»	700	»	»	»	»	»
Castelli (Mme)......	»	»	»	»	250	300	»
Cerrutti (Sig.).......	»	150	»	»	»	»	»
Ciuti (Mlle).........	»	500	»	»	»	»	»
Clerini (Mlle).......	»	»	130	»	»	»	»
Colbran Rossini (Mme).	»	»	»	1500	»	»	»
Cornéga.............	»	»	»	»	»	500	200
Crevelli (Mme)......	»	»	»	»	133	»	»
Cuvioni (Sig.).......	600	900	900	800	700	1300	1450
De Augeli (Mme et Mlle)	»	»	»	»	»	60	»
De Begnis (Sig.),....	»	»	»	»	»	800	800
De Ville (Sig.) Paolo..	300	»	»	»	»	»	»
De Begnis (Sig. et Mlle)	1200	1800	1900	2200	1300	»	»
De Ville (Sig.).......	»	»	»	»	»	200	200
Di Giovanni (Sig.)....	127	127	180	»	120	100	75
Destri (Sig.).........	»	»	»	»	»	300	»
Franceschi (Sig.)....	»	»	»	200	»	»	»
Galli................	»	»	»	»	»	»	870
Garcia (Sig.)........	»	»	260	1000	1250	»	»
Garcia (Mlle).......	»	»	»	»	500	»	»
Giovanola (Sig.).....	»	»	»	»	»	110	300
Giubelei (Sig.)......	»	»	»	»	»	»	100
Graziani (Mlle)......	»	200	150	200	»	»	»
Marinoni (Mme).....	150	»	»	»	»	»	»
Morandi (Sig.).......	84	84	»	»	»	»	»
Mori (Mlle)..........	300	»	»	»	»	»	»
Pasta (Mme)........	»	»	»	1400	1000	2300	2365

	1821	1822	1823	1824	1825	1826	1827
	L.	L.	L.	L.	L.	L.	L.
Pellegrini (Sig.)	»	»	»	»	»	550	»
Placci (Sig.)	449	600	600	200	»	500	»
Porto (Sig.)	»	»	800	700	533	800	»
Reina (Sig.)	»	»	650	»	»	»	»
Remorini (Sig.)	»	»	»	700	1100	»	»
Romero (Sig.)	410	»	»	»	»	»	»
Rossichi (Sig.)	»	»	»	»	»	»	»
Rubbi (Sig.)	»	»	»	»	100	275	120
Torri (Sig.)	500	»	»	»	»	500	350
Toso (Mlle)	»	»	»	»	»	»	350
Velluti (Sig.)	»	»	»	»	600	2500	»
Vestris (Mme)	655	»	700	600	466	»	150
Zuchelli (Sig.)	»	500	»	»	»	»	1130
BALLET.							
Gosse (Mlle)	125	»	»	»	»	»	»
Gosselin (M.)	»	100	160	»	»	»	700
Guillet (M.)	»	»	»	400	»	»	»
Hullin (M.)	199	250	»	»	»	»	»
Idalise (Mlle)	»	»	»	600	»	»	»
Joly (M.)	20	»	»	»	»	»	»
Jolie (Mlle)	»	»	100	»	»	»	»
Lacombe (Mlle)	240	»	»	»	»	»	»
Leblond (M.)	262	450	»	600	533	»	»
Leblond (M. et Mme)	»	»	»	»	»	800	»
Lefebvre (Mlle)	340	»	»	»	»	»	»
Legros (Mlle)	»	»	»	1200	600	»	»
Levasseur (Mlle)	»	»	»	»	»	150	»
Méjanel (Mlle)	112	»	»	»	»	»	»
Mélanie (Mlle)	475	»	»	»	»	»	»
Mengiu (Mlle)	350	»	»	»	»	»	»
Mérante (M. et Mme)	»	»	»	»	»	»	300
Mercandotti (Mlle)	»	800	200	»	»	»	»
Montessu (M.)	430	»	»	»	»	»	»
Narcisse (Mlle)	137	»	»	»	»	»	»
Noblet (Mlle)	1537	675	»	800	»	»	»
Obrieu (Mlle)	»	»	»	»	»	»	80
Olivier (Mlle)	»	»	»	»	»	150	100
Paul (M.)	»	1200	»	»	»	»	»
Pauline (Mlle)	»	»	»	»	»	400	»
Perseval (Mlle)	»	225	»	»	»	»	200
Roland (Mlle)	»	425	»	»	»	»	»
Rosalie (Mlle)	»	»	»	»	»	166	»
Spitalier (Mlle)	»	245	»	»	»	»	»
Théodore (M.)	»	»	»	»	»	450	»
Toussaint (Mlle)	200	»	»	»	»	»	»
Vestris (M. et Mme)	»	1200	1800	1900	1200	»	»
Vestris (M.)	»	»	»	»	»	»	200
Vinofra (M.)	»	»	»	300	40	»	»
Volet (Mlle)	»	280	»	»	»	»	»

www.ingramcontent.com/pod-product-compliance
Lightning Source LLC
LaVergne TN
LVHW050643090426
835512LV00007B/1008